중국어가 저절로 술술술…

중국어
왕왕초보
첫걸음(개정판)

중국어가 저절로 술술술…

중국어 왕왕초보 첫걸음(개정판)

초판 1쇄 발행일   2006년 4월 14일
초판 2쇄 발행일   2008년 6월 16일
개정 1쇄 발행일   2010년 9월 17일

저 자   이명순
발행인   윤우상
디자인   Design Didot
그 림   이일선
펴낸곳   송산출판사
주소   서울특별시 서대문구 홍제2동 104-6
TEL   (02) 735-6189
FAX   (02) 737-2260
홈페이지   http://www.songsanpub.co.kr
등록일   1976. 2. 2. 제 9-40호

*잘못된 책은 바꾸어 드립니다.

ISBN 978-89-7780-158-5   (13720)

중국어가 저절로 술술술…

중국어
왕왕초보
첫걸음(개정판)

저자 李明順

송산출판사

"**첫 단추를 잘 껴라**"는 속담같이 중국어를 배울 때도 시작이 아주 중요합니다. 특히 중국어 문법은 규칙적이지 않기 때문에 설명이 잘 되어 있는 좋은 교재를 선택하는 것이 아주 효과적이라고 할 수 있습니다.

본 교재는 중국어를 처음 배우시는 분들을 위하여 비슷한 단어의 비교분석 및 자주 쓰는 결과보어, 가능보어, 방향보어를 모두 나열해 놓았으며, 문법 설명도 초보자들이 이해하기 쉬운 형식으로 되어 있습니다. 그리고 지금 시중에 나와 있는 교재들은 모두 10여 년 전 중국 본토에서 출판된 유학생을 위한 교재이므로, 회화 내용이 학교·학습 위주일 뿐만 아니라, 내용도 시대에 뒤떨어져 있다고 생각합니다. 하지만 본 교재는 실용적인 용어와 시대에 걸맞는 내용을 선택함으로써 배운 것을 실생활에 바로 활용할 수 있습니다.

한국인들은 한문을 많이 알고 있습니다. 따라서 중국에 갔을 때 중국어를 할 줄 몰라도 한문을 쓰면 대충 통합니다. 이러한 장점을 이용하기 위하여 본 교재는 각 과마다 단어 익히기 코너에서 한국에서 쓰는 한문과 중국어의 뜻이 일치하는 단어를 선정하여 중국어를 보다 쉽고 재미있게 배울 수 있도록 하였습니다.

　　요즘 중국어를 배우고자 하는 사람들이 폭발적으로 늘어남으로써, 중국어 교재 수요도 급증하고 있습니다. 출판사에서는 교재를 만드느라 바쁘고, 중국어를 가르치는 선생님은 강의하느라 바쁩니다. 상황이 이렇다 보니 양질의 중국어 교재를 찾기도 어렵고, 경험이 많지 않은 선생님들은 강의에 어려움을 겪고 있습니다. 본 교재는 바로 이러한 취지에서 지난 십 수년 간 중국어 강의를 한 경험을 바탕으로 하여 편찬하였습니다. 아울러 본 교재가 중국어를 배우는 여러분들에게 조금이나마 도움이 되었으면 하는 바람입니다.

2006年 3月 李明順

◆ **기본 문법 및 문형**

한 과를 시작하기 전에 우선 기본 문법과 문형을 이해하고 본
문을 넘어갑시다.

◆ **기초 세우기**

기본 문법을 바탕으로 간단한 회화 연습을 해보세요.

◆ **응용하기**

배운 것을 실제 상황에 맞게 응용해보는 코너입니다.

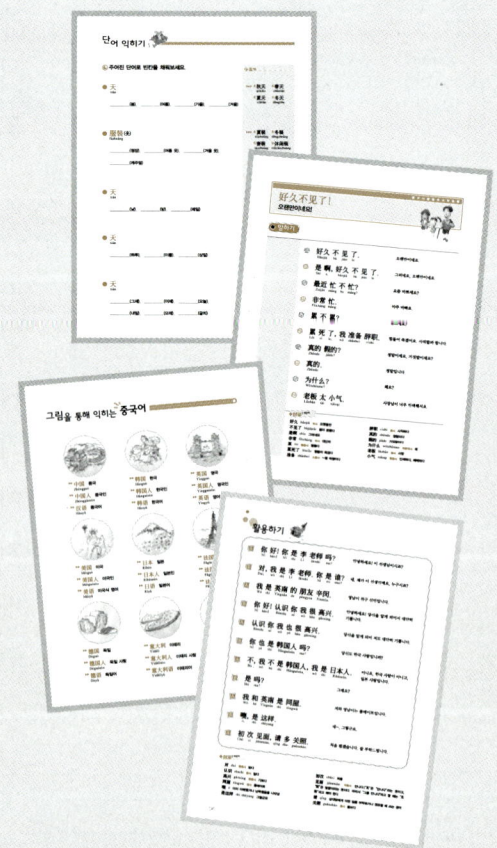

단어 익히기 ◆

모두 새로 나온 단어이지만 한국에서 쓰는 한자과 같
으므로 단어의 뜻을 쉽게 이해한 후, 문제를 풀 수 있
습니다. 자신감을 가지고 풀어 보세요. 모르는 부분은
부록의 정답란을 활용하세요.

말하기 ◆

회화를 배우는 목적은 혼자서 스스로 말할 수 있다는
것입니다. 한 번 시도해 보세요.

그림을 통해 익히는 중국어 ◆

가장 기초적인 단어를 배우기 쉽도록 그림으로 정리했
습니다.

활용하기 ◆

지금까지 배운 것들을 모두 활용하는 코너입니다.

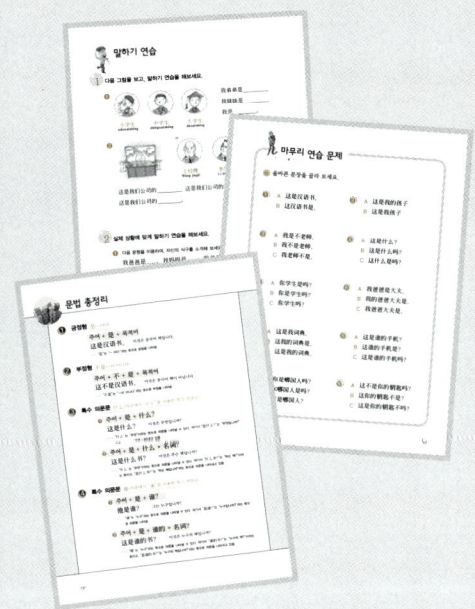

◆ **말하기 연습**

상황설정에 따라 말하기 연습을 해보세요. 자기도 모르게 중국어 실력이 쑥쑥 늘어날 것입니다.

◆ **마무리 연습 문제**

한국인들이 틀리기 쉬운 문장들을 골라 객관식으로 선택 문제를 만들어 보았습니다.

◆ **문법 총정리**

문법을 한 눈으로 볼 수 있도록 도표로 정리해 놓았습니다. 문법을 알면 중국어가 보입니다.

중국 문화 기행 ◆

중국어를 배우는 것도 좋지만 중국 문화를 이해하면 여러 가지로 도움이 많이 됩니다.

부록 ◆

"중국어를 참 잘 한다"라는 칭찬을 듣고 싶으면 사자성어를 쓸 줄 알아야 합니다.
마냥 어렵다고 생각하시지 말고 대담하게 실천해보세요.
"不可思议 bù kě sī yì, 불가사의"와 같이 한자만 알면 뜻을 알 수 있는 것들이 많이 있습니다.

[별도 부록]

◆ **손가락 어휘 사전**

일상 회화에서 가장 많이 쓰이는 단어 1700자를 수록하였습니다.
주머니에 넣고 다니면서 틈틈이 공부하세요.

◆ **듣기 CD**

외국어는 눈으로, 귀로, 입으로, 손으로 배워야 본인 것이 됩니다.
귀가 열려야 말이 들리고, 말도 할 수 있습니다.

차 례

중국어
왕왕초보
첫걸음!

❖ **중국어의 기초를 다져주는 해설 한마디**

① 중국어의 기본 어순은 "주어＋술어＋목적어"이다. 따라서 "是" 동사의 긍정형은 "주어＋是＋목적어"가 된다.

② 주어나 목적어에 대해 의문을 할 경우의 어순은 평서문의 어순과 같다. 따라서 "이것은 볼펜입니다"의 평서문은 "这是圆珠笔"라고 하면 되고, "이것은 무엇입니까?"라고 할 때는 "这是什么?"라고 하면 된다.

将 进 酒

李白

人 生 得 意 须 尽 欢,
Rén shēng dé yì xū jìn huān,

莫 使 金 樽 空 对 月。
Mò shǐ jīn zūn kōng duì yuè.

天 生 我 材 必 有 用,
Tiān shēng wǒ cái bì yǒu yòng,

千 金 散 尽 还 复 来。
Qiān jīn sàn jìn huán fù lái.

술을 마시세요

이백

인생의 득의시엔 부디 한껏 즐기어라,

술 없는 빈 잔 쥐고 저 달을 보지 마라.

천생적인 이 내 재목 쓸 때 꼭 있으려니,

천금을 탕진해도 다시 돌아오리라.

01 발음편

● 중국어 기초 상식

〈중국어의 발음 구성〉

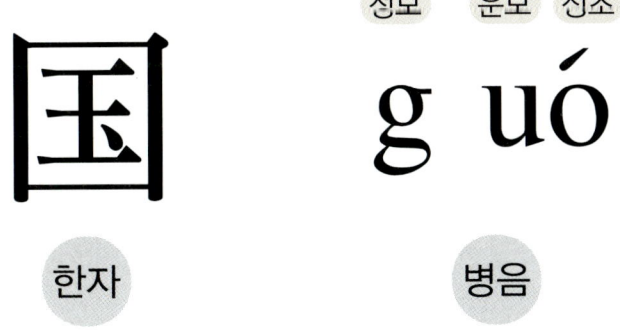

성모 운모 선조

国   g uó

한자   병음

1 병음

1958년에 중국 정부는 중국어의 발음을 보다 쉽게 표기하기 위하여 알파벳을 빌어 병음이라는 것을 제정하였다.

2 병음의 구성

• 성모 : 우리말의 첫소리 자음에 해당하는 병음의 앞부분.
• 운모 : 우리말의 모음과 비슷한 것으로, 병음의 뒷부분.

3 성조

성조란 음의 높낮이를 가리키는 말인데, 다음과 같이 모두 4개의 성조와 경성이 있다.
제1성 → -, 제2성 → ´, 제3성 → ˇ, 제4성 → `, 경성 → ·

● 성모

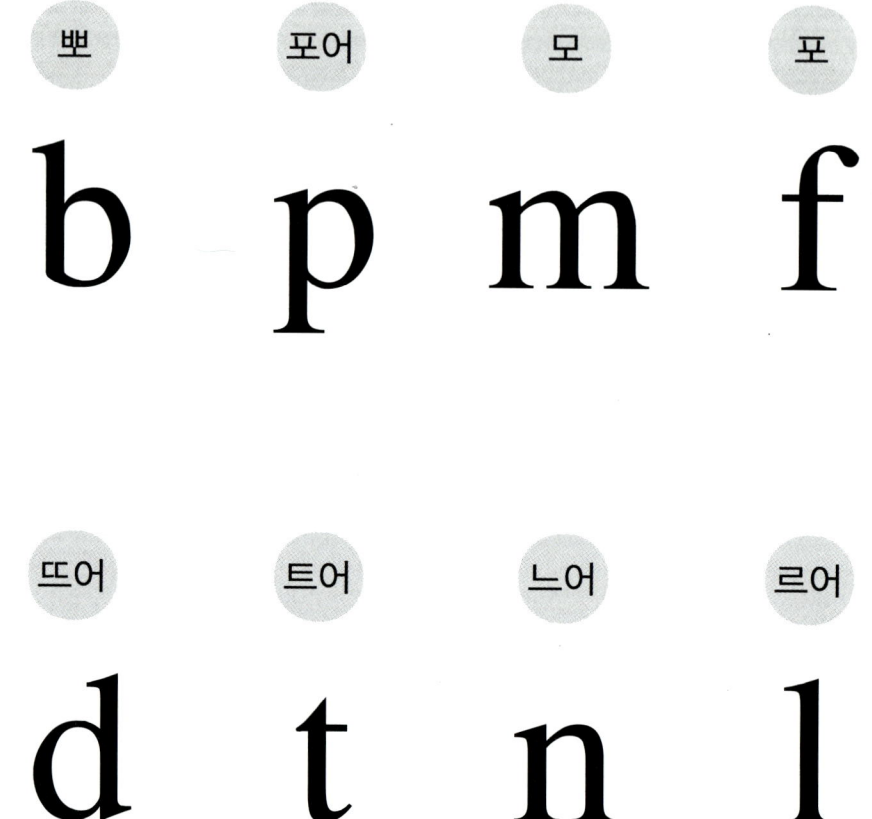

뽀 b　포어 p　모 m　포 f

뜨어 d　트어 t　느어 n　르어 l

 **발음 설명**

f : 영어의 "f" 발음과 비슷하게 윗니를 아랫입술에 살짝 댔다 떼며 발음한다.

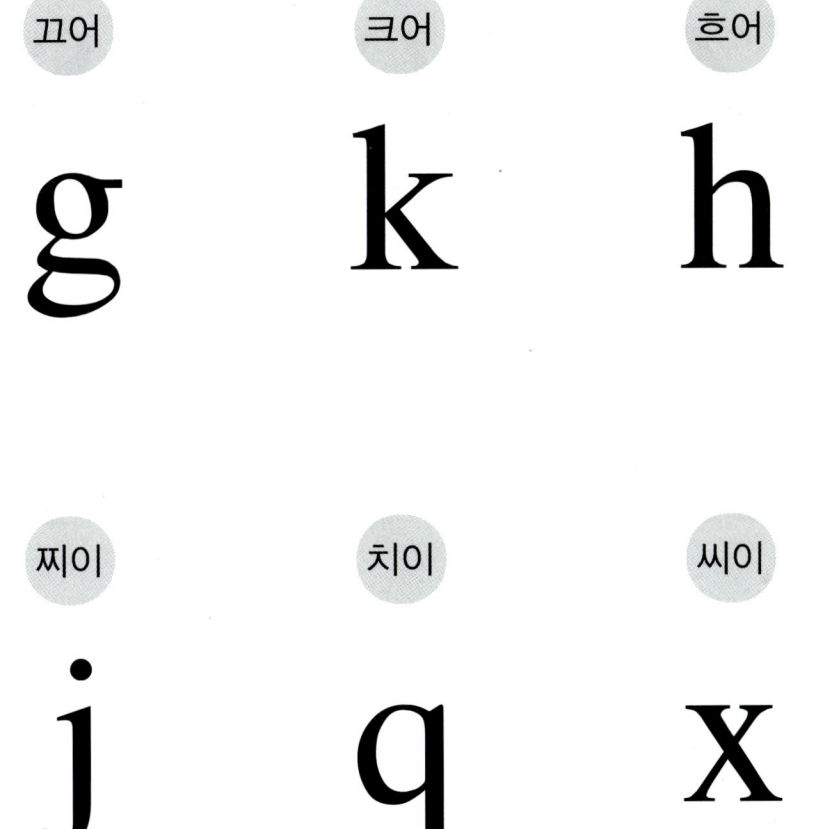

끄어
g

크어
k

흐어
h

찌이
j

치이
q

씨이
x

✱ 발음 설명

"j, q, x"의 발음과 "ji, qi, xi"의 발음은 같다. 즉 "j, q, x" 뒤에 오는 "i"는 발음하지 않는다.

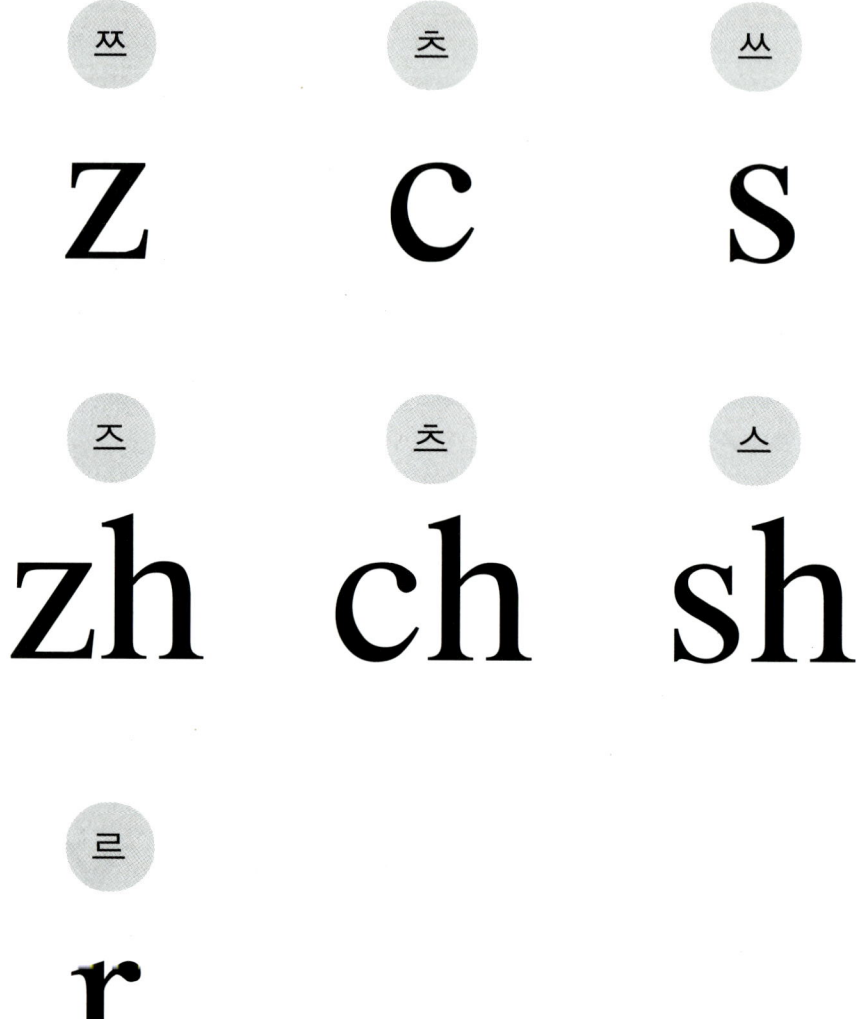

 발음 설명

1 "z, c, s"는 혀를 평평하게, "zh, ch, sh, r"는 혀끝을 말아 올려 발음한다.

2 "z, c, s, zh, ch, sh, r"의 발음과 "zi, ci, si, zhi, chi, shi, ri"의 발음은 같다.
   즉 "z, c, s, zh, ch, sh, r" 뒤에 오는 "i"는 발음을 안 한다.

z	汉字 hànzì (한자)	孔子 kǒngzǐ (공자)	心脏病 xīnzàngbìng (심장병)	增加 zēngjiā (증가하다)
c	厕所 cèsuǒ (화장실)	才能 cáinéng (재능)	财产 cáichǎn (재산)	仓库 cāngkù (창고)
s	思想 sīxiǎng (사상)	雨伞 yǔsǎn (우산)	速度 sùdù (속도)	死 sǐ (죽다)
zh	战争 zhànzhēng (전쟁)	地震 dìzhèn (지진)	震动 zhèndòng (진동)	真正 zhēnzhèng (진정한)
ch	成功 chénggōng (성공)	长城 chángchéng (만리장성)	创造 chuàngzào (창조하다)	广场 guǎngchǎng (광장)
sh	泰山 tàishān (태산)	登山 dēngshān (등산)	善良 shànliáng (선량하다)	教室 jiàoshì (교실)
r	日本 rìběn (일본)	人民 rénmín (인민)	人参 rénshēn (인삼)	生日 shēngrì (생일)

a	아 **a**	아이 **ai**	아오 **ao**	안 **an**	앙 **ang**
o	워 **o**	어우 **ou**	웅 **ong**		
e	으어 **e**	에이 **ei**	언 **en**	엉 **eng**	얼 **er**
i	이 **i** (yi)	야 **ia** (ya)	이예 **ie** (ye)	야아우 **iao** (yao)	여우 **iou** (you, iu)
	얜 **ian** (yan)	인 **in** (yin)	이양 **iang** (yang)	잉 **ing** (ying)	유옹 **iong** (yong)

u	우 **u** (wu)	와 **ua** (wa)	워 **uo** (wo)	와이 **uai** (wai)	웨이 **uei** (wei, ui)

완 **uan** (wan)	우언 **uen** (wen)	왕 **uang** (wang)	웡 **ueng** (weng)

ü	위 **ü** (yu)	위에 **üe** (yue)	윈 **ün** (yun)	위앤 **üan** (yuan)

＊ 발음 설명

1 "i, u, ü"가 단독으로 쓰일 경우에는 "yi, wu, yu"로 표기한다.
2 "i, u, ü"가 음의 가장 앞부분에 위치할 경우에 "i"는 "y"로, "u"는 "w"로, "ü"는 "yu"로 표기한다.

● 4성 발음 익히기

제1성 ˉ	东方 dōngfāng (동방)	西方 xīfāng (서방)	双方 shuāngfāng (쌍방)	灯 dēng (등)
제2성 ´	门 mén (문)	银行 yínháng (은행)	韩国 Hánguó (한국)	韩流 hánliú (한류)
제3성 ˇ	马 mǎ (말)	好 hǎo (좋다)	美 měi (아름답다)	有 yǒu (있다)
제4성 `	大 dà (크다)	重 zhòng (무겁다)	会话 huìhuà (회화)	运动 yùndòng (운동)
경 성 ·	爸爸 bàba (아빠)	妈妈 māma (엄마)	弟弟 dìdi (남동생)	谢谢 xièxie (감사합니다)

✳ 발음 설명

1성 : 높고 길게 발음한다.

2성 : 끝을 올려서 발음한다.

3성 : 처음 부분은 많이 내려주었다가 끝은 올려서 발음한다.

4성 : 힘을 주어 짧게 발음한다.

경성 : 짧고 가볍게 발음한다.

✳성조부호는 모음 위에 붙이며, 순서는 "a, o, e, i, u, ü"의 순이다. i와 u가 함께 있으면 뒷모음 위에 붙이고, "i, ü"위에 성조부호가 올 경우에는 위의 점은 생략한다.

그림을 통해 익히는 중국어

▶▶ **爷爷** 할아버지
yéye

▶▶ **奶奶** 할머니
nǎinai

▶▶ **爸爸** 아빠
bàba

▶▶ **妈妈** 엄마
māma

▶▶ **哥哥** 형(오빠)
gēge

▶▶ **姐姐** 누나(언니)
jiějie

▶▶ **弟弟** 남동생
dìdi

▶▶ **妹妹** 여동생
mèimei

图书馆
도서관

túshūguǎn

阅览室
열람실

yuèlǎnshì

聪明
총명하다

cōngming

葡萄
포도

pútao

公园儿
공원

gōngyuánr

鸡蛋
계란

jīdàn

高速公路
고속도로

gāosùgōnglù

国道
국도

guódào

高架
고가도로

gāojià

可乐
콜라

kělè

帽子
모자

màozi

椅子
의자

yǐzi

摩托车
오토바이

mótuōchē

大桥
대교

dàqiáo

电灯
전등

diàndēng

02 你好!

안녕하세요!

● 중국어 기초 상식

1 | 번체자와 간체자

- 번체자 : 지금 대만, 홍콩, 한국 등에서 사용하고 있는 필획이 복잡한 한자.
- 간체자 : 지금 중국에서 사용하고 있는 필획이 간략화된 한자.

馬 ➡ 번체자

马 ➡ 간체자

2 |

중국어는 존댓말이 따로 없다. 따라서 아무에게나 "你(너, 당신)"를 사용해도 된다.
"你"의 존칭인 "您"은 처음 보는 사람이나 손님에게 자주 사용한다.

기초 세우기

1

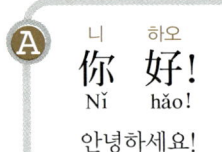

Ⓐ
니 하오
你 好!
Nǐ hǎo!
안녕하세요!

Ⓑ
니 하오
你 好!
Nǐ hǎo!
안녕하세요!

2

Ⓐ
닌 하오
您 好!
Nín hǎo!
안녕하세요!

Ⓑ
닌 하오
您 好!
Nín hǎo!
안녕하세요!

3

Ⓐ
니먼 하오
你们 好!
Nǐmen hǎo!
여러분 안녕하세요!

Ⓑ
라오스 하오
老师 好!
Lǎoshī hǎo!
선생님 안녕하세요!

✛ⁿ𝗲ⱳ | 새단어

你 nǐ 대사. 너, 당신
好 hǎo 형용사. 좋다
您 nín 대사. 당신("你"를 높여 부르는 말)
你们 nǐmen 대사. 너희들, 당신들
老师 lǎoshī 명사. 선생님

❖ 중국어의 기초를 다져주는 해설 한마디

① "你好"는 때와 장소를 가리지 않고 모든 사람에게 사용할 수 있다.

② "您好"는 연로하신 분이나 초면일 경우에 사용한다.

③ 일상회화에서 3성이 연이어 나올 경우에 앞의 3성은 2성으로 발음한다.
   예 你好 nǐhǎo → 你好 níhǎo

1

Ⓐ
자오상　하오
早上　好!
Zǎoshang hǎo!

안녕하세요! (아침 인사)

Ⓑ
자오상　하오
早上　好!
Zǎoshang hǎo!

안녕하세요! (아침 인사)

2

Ⓐ
완상　하오
晚上　好!
Wanshang hǎo!

안녕하세요! (저녁 인사)

Ⓑ
완상　하오
晚上　好!
Wǎnshang hǎo!

안녕하세요! (저녁 인사)

3

Ⓐ
자오안
早安!
Zǎo'ān!

안녕히 주무셨습니까!

Ⓑ
자오안
早安!
Zǎo'ān!

네!

4

Ⓐ
완안
晚安!
Wǎn'ān!

안녕히 주무십시오!

Ⓑ
완안
晚安!
Wǎn'ān!

안녕히 주무십시오!

＋ⴖＥⵑ | 새단어

早上 zǎoshang 명사. 아침
晚上 wǎnshang 명사. 저녁

早 zǎo 형용사. 이르다
安 ān 형용사. 편안하다

晚 wǎn 형용사. 저녁, 밤

응용하기

A 你好!
Nǐhǎo!

안녕하세요!

B 你好!
Nǐhǎo!

안녕하세요!

A 你 身体 好 吗?
Nǐ shēntǐ hǎo ma?

건강하신가요?

B 谢谢, 我 身体 很 好。
Xièxie, wǒ shēntǐ hěn hǎo.

감사합니다. 저는 아주 건강합니다.

A 你 爸爸、妈妈 身体 好 吗?
Nǐ bàba、 māma shēntǐ hǎo ma?

아버님과 어머님은 건강하신가요?

B 我 爸爸、妈妈 身体 也 很 好。
Wǒ bàba、 māma shēntǐ yě hěn hǎo.

저희 아버님과 어머님도 건강하십니다.

A 你 爷爷、奶奶 呢?
Nǐ yéye、 nǎinai ne?

할아버지와 할머님은요?

B 他们 身体 也 都 很 好。
Tāmen shēntǐ yě dōu hěn hǎo.

모두 건강하십니다.

+new 새단어

身体 shēntǐ 명사. 건강
很 hěn 형용사. 아주, 매우
奶奶 nǎinai 명사. 할머니

吗 ma 의문대사. 문 말에 사용하여 의문을 나타냄
也 yě 부사. ~도, 또한, 역시
呢 ne 어기조사. ~은요?

谢谢 xièxie 동사. 감사합니다
爷爷 yéye 명사. 할아버지
都 dōu 부사. 모두

단어 익히기

① 단수와 복수의 표현

我 wǒ	나		我们 wǒmen	우리
你 nǐ	너		你们 nǐmen	너희들
他 tā	그 사람		他们 tāmen	그들
她 tā	그녀		她们 tāmen	그녀들
它 tā	그, 그것(사물이나 동물을 가리킴)		它们 tāmen	그것들, 저것들

② 우리 가족

우리 집 식구	친가쪽 식구	외가쪽 식구
爸爸 bàba 아빠	爷爷 yéye 할아버지	老爷 lǎoye 외할아버지
妈妈 māma 엄마	奶奶 nǎinai 할머니	姥姥 lǎolao 외할머니
哥哥 gēge 형(오빠) 嫂子 sǎozi 형수	叔叔 shūshu 삼촌 婶儿 shěnr 숙모	舅舅 jiùjiu 외삼촌 舅母 jiùmu 외숙모
姐姐 jiějie 누나(언니) 姐夫 jiěfu 자형, 형부	姑姑 gūgu 고모 姑父 gūfu 고모부	姨 yí 이모 姨夫 yífu 이모부
弟弟 dìdi 남동생 弟妹 dìmèi 아우의 아내	堂姐 tángjiě 사촌 누이	表哥 biǎogē 내외종 사촌 형 (오빠)
妹妹 mèimei 여동생 妹夫 mèifu 매부	堂弟 tángdì 사촌 남동생	表妹 biǎomèi 내외종 사촌 여동생

严重吗?
심합니까?

● 활용하기

A 早上 好!
Zǎoshang hǎo!
안녕하세요!

B 早上 好!
Zǎoshang hǎo!
안녕하세요!

A 金 科长, 最近 您 身体 怎么样?
Jīn kēzhǎng, zuìjìn nín shēntǐ zěnmeyàng?
김 과장님, 요즘 건강은 어떠신가요?

B 最近 我 身体 很 好。
Zuìjìn wǒ shēntǐ hěn hǎo.
요즘 건강합니다.

A 您 父母 身体 怎么样?
Nín fùmǔ shēntǐ zěnmeyàng?
부모님은 건강하십니까?

B 最近 他们 身体 不 太 好。
Zuìjìn tāmen shēntǐ bú tài hǎo.
요즘은 좀 편치 않으십니다.

A 严重 吗?
Yánzhòng ma?
심하십니까?

D 不 太 严重。你 父母 身体 怎么样?
Bú tài yánzhòng. Nǐ fùmǔ shēntǐ zěnmeyàng?
그다지 심하시지는 않습니다. 당신의 부모님은 어떠신가요?

A 他们 身体 都 很 好。
Tāmen shēntǐ dōu hěn hǎo.
그들은 모두 건강하십니다.

+ NEW | 새단어

金 Jīn 명사. 김(성을 가리킴)
科长 kēzhǎng 명사. 과장
最近 zuìjìn 명사. 최근

怎么样 zěnmeyàng 의문대사.
어떠하냐
父母 fùmǔ 명사. 부모

不 bù 부사. 아니다
太 tài 부사. 그다지
严重 yánzhòng 형용사. 엄중하다

❖ 중국어의 기초를 다져주는 해설 한마디

"不"는 원래 4성인데, 뒤에 또 4성이 오면 "不"는 2성으로 발음해야 한다.
예 不太好 bù tài hǎo → 不太好 bú tài hǎo

그림을 통해 익히는 중국어

성모와 운모 모음표

❶ 운모

a	o	e	i(yi)	u(wu)	ü(yu)	er		
ai	ei	ao	ou	an	en	ang	eng	ong
ia	ie	iao	iou(iu)	ian	in	iang	ing	iong
ua	uo	uai	uei(ui)	uan	uen(un)	uang	ueng	
üe	üan	ün						

❷ 성모

b	p	m	f	d	t	n	l
g	k	h					
j＝ji	q＝qi	x＝xi					
z＝zi	c＝ci	s＝si					
zh＝zhi	ch＝chi	sh＝shi	r＝ri				

03 很有意思。

아주 재미있어요.

● 기본 문법 및 문형

1 **형용사 술어문의 긍정형**

주어 + 很 + 형용사

英语 + 很 + 难。   영어는 어렵습니다.

• • • 형용사가 술어가 되는 문장을 형용사 술어문이라고 한다.

• • • "很"는 "매우"라는 뜻을 떠나서 구조상 반드시 있어야 한다.

2 **형용사 술어문의 부정형**

주어 + 不 + 형용사

汉语 + 不 + 难。   중국어는 어렵지 않습니다.

• • • 형용사 술어문의 부정은 "不"로 한다.

3 **형용사 술어문의 의문형**

주어 + 형용사 + 吗?

汉语 + 难 + 吗?   중국어는 어렵습니까?

• • • "吗"는 문 말에 사용하여 의문을 나타낼 수 있다. 여기서 "难吗?"는 "어렵습니까?"라는 뜻을 나타내고 있다.

기초 세우기

● **형용사 술어문의 긍정형**

주어 + 很 + 형용사

英语 + 很 + 难。

영어는 어렵습니다.

● **형용사 술어문의 부정형**

주어 + 不 + 형용사

汉语 + 不 + 难。

중국어는 어렵지 않습니다.

A
잉위 난 마
英语 难 吗?
Yīngyǔ nán ma?

영어는 어렵습니까?

B
잉위 헌 난
英语 很 难。
Yīngyǔ hěn nán.

영어는 어렵습니다.

A
한위 난 마
汉语 难 吗?
Hànyǔ nán ma?

중국어는 어렵습니까?

B
한위 부 난
汉语 不 难。
Hànyǔ bù nán.

중국어는 어렵지 않습니다.

A
여우이스 마
有意思 吗?
Yǒuyìsi ma?

재미 있어요?

B
헌 여우이스
很 有意思。
Hěn yǒuyìsi.

아주 재미 있습니다.

+ NEW | 새단어

英语 Yīngyǔ 명사. 영어
难 nán 형용사. 어렵다
汉语 Hànyǔ 명사. 중국어
有意思 yǒuyìsi 재미있다

❖ 중국어의 기초를 다져주는 해설 한마디

형용사 술어문의 "很"은 "아주"라는 뜻을 떠나서 구조상 꼭 필요하므로 반드시 있어야 한다. 하지만 의문형에서는 "很"을 빼야 한다.

◉ 형용사 술어문의 정반 의문문

주어 + 형용사 + 不 + 형용사?

你 + 忙 + 不 + 忙?

당신은 바쁩니까, 바쁘지 않습니까?

Ⓐ 今天 你 忙 不 忙?
Jīntiān nǐ máng bu máng?

오늘 바쁘세요?

Ⓑ 今天 我 很 忙。
Jīntiān wǒ hěn máng.

오늘 바빠요.

Ⓐ 明天 呢?
Míngtiān ne?

내일은요?

Ⓑ 明天 我 也 很 忙。
Míngtiān wǒ yě hěn máng.

내일도 바빠요.

Ⓐ 后天 呢?
Hòutiān ne?

모레는요?

Ⓑ 后天 我 也 很 忙。
Hòutiān wǒ yě hěn máng.

모레도 바쁩니다.

Ⓐ 忙 什么?
Máng shénme?

무엇 때문에 바쁜데요?

Ⓑ 忙 工作, 忙 学习。
Máng gōngzuò, máng xuéxí.

일하랴 공부하랴, 무척 바쁩니다.

+ NEW | 새단어

今天 jīntiān 명사. 오늘

忙 máng 형용사. 바쁘다
  예 今天我很忙。 오늘 저는 바빠요.
  동사. 서둘러 ~하다
  예 忙学习。 공부하느라 바빠요.

明天 míngtiān 명사. 내일

后天 hòutiān 명사. 모레

什么 shénme 의문대사. 무엇

工作 gōngzuò 명사. 일, 직업
  예 工作很累。 일이 힘들어요.
  동사. 일하다
  예 明天我工作。 내일 저는 일해요.

学习 xuéxí 명사. 공부
  예 学习很有意思。 공부가 재미 있어요.
  동사. 공부하다
  예 最近我学习汉语。
  요즘 저는 중국어를 공부해요.

응용하기

 韩国 夏天 热 吗?
Hánguó xiàtiān rè ma?

한국의 여름은 더운가요?

 夏天 很 热。
Xiàtiān hěn rè.

여름은 아주 더워요.

 秋天 呢?
Qiūtiān ne?

가을은요?

 秋天 很 凉快。
Qiūtiān hěn liángkuai.

가을은 아주 시원합니다.

 冬天 冷 不 冷?
Dōngtiān lěng bu lěng?

겨울은 추운가요?

 冬天 很 冷。
Dōngtiān hěn lěng.

겨울은 아주 춥습니다.

 春天 呢?
Chūntiān ne?

봄은요?

 春天 很 暖和。
Chūntiān hěn nuǎnhuo.

봄은 무척 따뜻해요.

+NEW 새단어

韩国 Hánguó 명사. 한국
夏天 xiàtiān 명사. 여름
热 rè 형용사. 덥다
秋天 qiūtiān 명사. 가을
凉快 liángkuai 형용사. 시원하다

冬天 dōngtiān 명사. 겨울
冷 lěng 형용사. 춥다
春天 chūntiān 명사. 봄
暖和 nuǎnhuo 형용사. 따뜻하다

단어 익히기

◉ 주어진 단어로 빈칸을 채워보세요.

❶ 天
tiān

_____(봄), _____(여름), _____(가을), _____(겨울)

❷ 服装(옷)
fúzhuāng

_____(양복), _____(여름 옷), _____(겨울 옷),

_____(캐주얼)

❸ 天
tiān

_____(낮), _____(밤), _____(매일)

❹ 天
tiān

_____(하루), _____(이틀), _____(삼일)

❺ 天
tiān

_____(그제), _____(어제), _____(오늘),

_____(내일), _____(모레), _____(글피)

➕ 보기

▶▶▶ A 秋天 B 春天
qiūtiān chūntiān
C 夏天 D 冬天
xiàtiān dōngtiān

▶▶▶ A 夏装 B 冬装
xiàzhuāng dōngzhuāng
C 西装 D 休闲装
xīzhuāng xiūxiánzhuāng

▶▶▶ A 黑天 B 白天
hēitiān báitiān
C 每天
měitiān

▶▶▶ A 两天 B 一天
liǎngtiān yìtiān
C 三天
sāntiān

▶▶▶ A 明天 B 今天
míngtiān jīntiān
C 后天 D 大后天
hòutiān dàhòutiān
E 前天 F 昨天
qiántiān zuótiān

好久不见了!
오랜만이네요!

● 말하기

Ⓐ 好久 不 见 了。
Hǎojiǔ bú jiàn le.

오랜만이네요.

Ⓑ 是 啊, 好久 不 见 了。
Shì a, hǎojiǔ bú jiàn le.

그러네요, 오랜만이네요.

Ⓐ 最近 忙 不 忙?
Zuìjìn máng bu máng?

요즘 바쁘세요?

Ⓑ 非常 忙。
Fēicháng máng.

아주 바빠요.

Ⓐ 累 不 累?
Lèi bu lèi?

힘드세요?

Ⓑ 累 死 了, 我 准备 辞职。
Lèi sǐ le, wǒ zhǔnbèi cízhí.

힘들어 죽겠어요. 사직할까 합니다.

Ⓐ 真的 假的?
Zhēnde jiǎde?

정말이세요, 거짓말이세요?

Ⓑ 真的。
Zhēnde.

정말입니다.

Ⓐ 为什么?
Wèishénme?

왜요?

Ⓑ 老板 太 小气。
Lǎobǎn tài xiǎoqi.

사장님이 너무 인색해서요.

+new | 새단어

好久 hǎojiǔ 부사. 오랫동안
不见了 bú jiàn le 뵙지 못했다
是啊 shì a 그러네요
非常 fēicháng 부사. 대단히
累 lèi 형용사. 힘들다
累死了 lèi sǐ le 힘들어 죽겠다
准备 zhǔnbèi 조동사. ~할 작정이다

辞职 cízhí 동사. 사직하다
真的 zhēnde 정말이다
假的 jiǎde 거짓말이다
为什么 wèishénme 의문대사. 왜
老板 lǎobǎn 명사. 사장
小气 xiǎoqi 형용사. 인색하다, 쩨쩨하다

그림을 통해 익히는 중국어

▶▶ **大** 크다
dà

小 작다
xiǎo

▶▶ **胖** 살찌다
pàng

瘦 늘씬하다
shòu

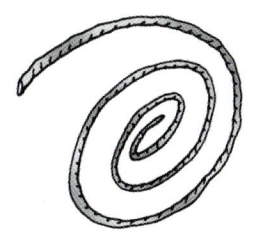 

▶▶ **长** 길다
cháng

短 짧다
duǎn

▶▶ **轻** 가볍다
qīng

重 무겁다
zhòng

▶▶ **贵** 비싸다
guì

便宜 싸다
piányi

▶▶ **难** 어렵다
nán

容易 쉽다
róngyi

발음 연습

1 4성 앞에 올 경우 "不"는 2성으로 발음해야 한다.

bú guì	bú dà	bú zhòng
不 贵	不 大	不 重
비싸지 않다	크지 않다	무겁지 않다

bú lèi
不 累
힘들지 않다

bú duì
不 对
정확하지 않다 / 틀리다

bú shì
不 是
그렇지 않다

bú pàng
不 胖
뚱뚱하지 않다

bú shòu
不 瘦
마르지 않다

bú kuài
不 快
빠르지 않다

2 1성, 2성, 3성 앞에 올 경우 "不"는 4성 그대로 발음하면 된다.

1성 앞	2성 앞	3성 앞
bù gāo 不 高 높지 않다	bù nán 不 难 어렵지 않다	bù hǎo 不 好 좋지 않다
bù tīng 不 听 듣지 않다	bù piányi 不 便宜 싸지 않다	bù xiǎo 不 小 작지 않다
bù chī 不 吃 먹지 않다	bù cháng 不 长 길지 않다	bù duǎn 不 短 짧지 않다

我要咖啡。

저는 커피로 주세요.

● 기본 문법 및 문형

1 | **긍정형**

주어 + **要** + 목적어

我 + **要** + **咖啡**。　　저는 커피로 주세요.

•••• "要"는 "원하다"라는 뜻이지만 무엇을 달라고 할 때도 자주 쓰인다.

2 | **부정형**

주어 + **不** + **要** + 목적어

我 + **不** + **要** + **咖啡**。　　저는 커피를 원하지 않아요.

•••• "要"의 부정형은 "不要"이다.

3 | **특수 의문문**

주어 + **要** + **什么**?

你 + **要** + **什么**?　　무엇을 드릴까요?

•••• 의문대사 "什么(무엇) · 谁(누구) · 怎么(어떻게)" 등을 사용한 의문문을 특수 의문문이라고 한다.

4 | **정반 의문문**

주어 + **要** + **不** + **要** + 목적어?

你 + **要** + **不** + **要** + **咖啡**?　　커피를 드실 겁니까, 안 드실 겁니까?

•••• "你要不要咖啡?"와 "你要咖啡吗?"의 뜻은 같다. 술어의 긍정형과 부정형을 병렬하여 만드는 의문문을 정반 의문문이라고 한다.

기초 세우기

◉ **긍정형**

주어 + 要 + 목적어

我 + 要 + 咖啡。

커피 주세요.

◉ **특수 의문문**

주어 + 要 + 什么?

你 + 要 + 什么?

무엇을 드릴까요?

Ⓐ 빠빠 니 야우 썬머
爸爸, 你 要 什么?
Bàba, nǐ yào shénme?

아빠, 무엇을 드릴까요?

Ⓑ 워 야우 카페
我 要 咖啡。
Wǒ yào kāfēi.

커피 줘.

Ⓐ 마마 니 야우 썬뭐
妈妈, 你 要 什么?
Māma, nǐ yào shénme?

엄마, 무엇을 드릴까요?

Ⓒ 워 야우 뤼차
我 要 绿茶。
Wǒ yào lǜchá.

난 녹차 줘.

Ⓐ 꺼꺼 니 야우 썬뭐
哥哥, 你 要 什么?
Gēge, nǐ yào shénme?

형, 뭐 줄까?

Ⓓ 워 야우 커러
我 要 可乐。
Wǒ yào kělè.

난 콜라.

+NEW 새단어

要 yào 동사. 원하다
咖啡 kāfēi 명사. 커피
绿茶 lǜchá 명사. 녹차
可乐 kělè 명사. 콜라

❖ **중국어의 기초를 다져주는 해설 한마디**

① "要"는 "원하다"라는 뜻이지만, 회화에서 무엇을 달라고 할 때도 자주 쓰인다.

② "要"의 부정은 "不要"이다.

● **특수 의문문**

주어 + 要 + 什么 + 名词?

你 + 要 + 什么 + 茶?

당신은 어떤 차를 원합니까?

Ⓐ 你 要 什么?
Nǐ yào shénme?

무엇을 드릴까요?

Ⓑ 我 要 茶。
Wǒ yào chá.

차 주세요.

Ⓐ 你 要 什么 茶?
Nǐ yào shénme chá?

어떤 차를 드릴까요?

Ⓑ 我 要 红茶。
Wǒ yào hóngchá.

홍차 주세요.

Ⓐ 对不起, 没 有 红茶。
Duìbuqǐ, méi yǒu hóngchá.

미안합니다. 홍차는 없는 데요.

Ⓑ 那 有 什么 茶?
Nà yǒu shénme chá?

그럼 어떤 차가 있나요?

Ⓐ 有 绿茶 和 乌龙茶。
Yǒu lùchá hé wūlóngchá.

녹차와 우롱차요.

Ⓑ 那 我 要 乌龙茶。
Nà wǒ yào wūlóngchá.

그럼 우롱차로 주세요.

+new 새단어

茶 chá 명사. 차
红茶 hóngchá 명사. 홍차
那 nà 접속사. 그렇다면
有 yǒu 동사. 있다

没有 méiyǒu 없다
乌龙茶 wūlóngchá 명사. 우롱차

응용하기

 A 你 要 咖啡 吗？
Nǐ yào kāfēi ma?

커피 드릴까요?

 B 我 不 要 咖啡，我 要 饮料。
Wǒ bú yào kāfēi, wǒ yào yǐnliào.

커피 말고, 음료수로 주세요.

A 你 要 什么 饮料？
Nǐ yào shénme yǐnliào?

어떤 음료수를 드릴까요？

B 我 要 橙汁儿。
Wǒ yào chéngzhīr.

오렌지 주스로 주세요.

 A 小 朋友，你 要 什么？
Xiǎo péngyou, nǐ yào shénme?

꼬마야, 뭐 줄까？

C 我 要 汉堡包。
Wǒ yào hànbǎobāo.

햄버거 주세요.

 A 还 要 什么？
Hái yào shénme?

또 뭐가 필요하니？

 C 可乐。
Kělè.

콜라요.

+NEW 새단어

饮料 yǐnliào 명사. 음료수
橙汁儿 chéngzhīr 명사. 오렌지 주스
小朋友 xiǎopéngyou 명사. 꼬마 친구
汉堡包 hànbǎobāo 명사. 햄버거
还 hái 부사. 또

❖ 중국어의 기초를 다져주는 해설 한마디

"橙汁儿"와 같이 글자 뒤에 "儿"이 오는 것을 "儿化 érhuà"라고 한다.

단어 익히기

◉ 주어진 단어로 빈칸을 채워보세요.

❶ 茶 (chá 차)

_____(홍차), _____(녹차), _____(우롱차)

_____(쟈스민차), _____(인삼차), _____(보리차)

보기

▶▶▶ A 绿茶
lǜchá

B 乌龙茶
wūlóngchá

C 红茶
hóngchá

D 人参茶
rénshēnchá

E 茉莉花茶
mòlìhuāchá

F 大麦茶
dàmàichá

❷ 汁儿 (zhīr 즙)

_____(사과 주스), _____(오랜지 주스), _____(망고 주스)

▶▶▶ A 橙汁儿
chéngzhīr

B 苹果汁儿
píngguǒzhīr

C 芒果汁儿
mángguǒzhīr

❸ 哥哥 (gēge 형, 오빠)

_____(큰 형), _____(둘째 형), _____(셋째 형)

▶▶▶ A 大哥
dàgē

B 三哥
sāngē

C 二哥
èrgē

❹ 姐姐 (jiějie 언니, 누나)

_____(큰 언니), _____(둘째 언니), _____(셋째 언니)

▶▶▶ A 二姐
èrjiě

B 三姐
sānjiě

C 大姐
dàjiě

❺ 老 (lǎo 형제·자매 앞에 쓰임)

_____(맏이), _____(둘째), _____(막내)

▶▶▶ A 老二
lǎo'èr

B 老大
lǎodà

C 老么
lǎoyāo

我要去中国。
저는 중국에 가려고 합니다.

● 말하기

◉ **조동사의 사용법** (조동사는 반드시 다른 동사 앞에 와야 한다)

주어 + **要** + 동사 + 목적어

我 + 要 + 去 + 中国。

저는 중국으로 가려고 합니다.

Ⓐ **明明, 你 要 去 哪儿?**
Míngming, nǐ yào qù nǎr?
밍밍, 넌 어디로 가려고 하니?

Ⓑ **我 要 去 中国。**
Wǒ yào qù Zhōngguó.
난 중국에 가려고.

Ⓐ **中国 什么 地方?**
Zhōngguó shénme dìfang?
중국 어디?

Ⓑ **中国 的 首都, 北京。**
Zhōngguó de shǒudū, Běijīng.
중국의 수도 베이징.

Ⓐ **一 个 人 去 吗?**
Yí ge rén qù ma?
혼자 가는 거야?

Ⓑ **是的。**
Shìde.
그래.

Ⓐ **方方, 你 要 去 哪儿?**
Fāngfang, nǐ yào qù nǎr?
팡팡, 넌 어디로 가려고 하니?

Ⓒ **我 要 去 美国。**
Wǒ yào qù Měiguó.
난 미국으로 가려고.

Ⓐ **真 羡慕 你们。**
Zhēn xiànmù nǐmen.
너희들 정말 부럽다.

+new | 새단어

要 yào 조동사. ~하려고 하다
哪儿 nǎr 의문대사. 어디
去 qù 동사. 가다
中国 Zhōngguó 명사. 중국

地方 dìfang 명사. 곳, 장소
首都 shǒudū 명사. 수도
一个人 yí ge rén 혼자, 한 사람
的 de 조사. ~의

是的 shìde 네
美国 Měiguó 명사. 미국
真 zhēn 부사. 정말로
羡慕 xiànmù 동사. 부러워하다

그림을 통해 익히는 중국어

▶▶ **苹果** 사과
píngguǒ

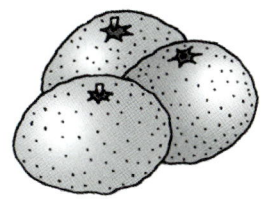

▶▶ **橘子** 귤
júzi

▶▶ **梨** 배
lí

▶▶ **西瓜** 수박
xīguā

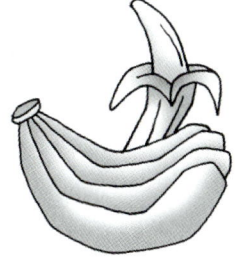

▶▶ **香蕉** 바나나
xiāngjiāo

▶▶ **菠萝** 파인애플
bōluó

▶▶ **葡萄** 포도
pútao

▶▶ **西红柿** 토마토
xīhóngshì

▶▶ **桃子** 복숭아
táozi

발음 연습

1 4성 앞에 올 경우 "一"는 2성으로 발음해야 한다.

yígè 一个 한 개	yíwèi 一位 한 분	yícì 一次 한 번
yíyuè 一月 1월	yítào 一套 한 세트	yíwàn 一万 1만
yíliàng 一辆 한 대	yídòng 一栋 한 동	yítàng 一趟 한 탕

2 1성, 2성, 3성 앞에 올 경우 "一"는 4성 그대로 발음한다.

1성 앞	2성 앞	3성 앞
yìtiān 一天 하루	yìnián 一年 일 년	yìběn 一本 한 권
yìzhāng 一张 한 장	yìyuán 一元 1원	yìbǎi 一百 일백
yìshuāng 一双 한 쌍	yìpíng 一瓶 한 병	yìjiǎo 一角 10전

마무리 연습 문제

✳ 올바른 문장을 골라 보세요.

1
  A 我要不绿茶。
  B 我绿茶不要。
  C 我不要绿茶。

2
  A 我要去中国。
  B 我去要中国。
  C 我中国要去。

3
  A 你什么茶要?
  B 你要什么茶?
  C 什么茶你要?

4
  A 你要去哪儿中国?
  B 中国哪儿你要去?
  C 你要去中国什么地方?

5
  A 我一个人要去。
  B 我要去一个人。
  C 我要一个人去。

중국의 소수 민족

중국은 다민족 국가로서 한족과 55개에 이르는 소수 민족이 공존하고 있다. 소수 민족은 자기의 문자와 말이 따로 있을 뿐만 아니라, 풍속과 옷도 아주 특이하다.

중국 인구의 94%가 한족(漢族)이며 나머지 6% 정도가 소수 민족에 해당된다. 한족에 비해 인구가 소수이지만 대륙 곳곳에 분포되어 있을 뿐만 아니라, 특히 변강지역의 경계를 형성하고 있기 때문에 중요시되고 있다.

나시족(纳西族 nàxizú)

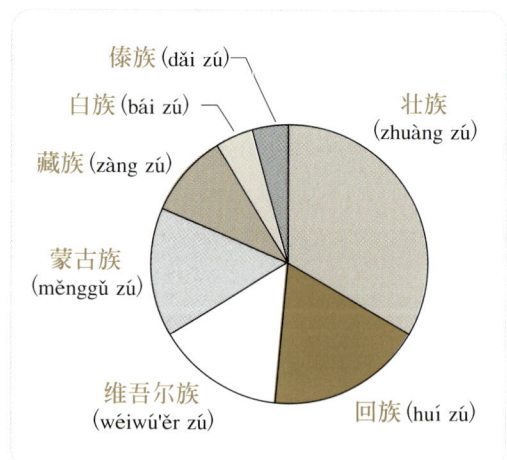

傣族(dǎi zú)
白族(bái zú)
藏族(zàng zú)
蒙古族(měnggǔ zú)
维吾尔族(wéiwú'ěr zú)
壮族(zhuàng zú)
回族(huí zú)

〈중국의 소수 민족 인구 분포도〉

장족(藏族 zàngzú)

这是什么?

이것은 무엇입니까?

● 기본 문법 및 문형

1 **'是' 자문의 긍정형** 是(~이다)

A + 是 + B

这 + 是 + 汉语书。 　　이것은 중국어 책입니다.

••• "是" 는 "~이다" 라는 뜻으로 긍정을 나타냄.

2 **'是' 자문의 부정형** 不是(~이 아니다)

A + 不 + 是 + B

这 + 不 + 是 + 汉语书。 　　이것은 중국어 책이 아닙니다.

••• "不是"는 " ~이(가) 아니다" 라는 뜻으로 부정을 나타냄.

3 **특수 의문문** 什么(의문대사 "什么 무엇", "哪 어느", "谁 누구" 등을 사용)

A + 是 + 什么?

这 + 是 + 什么? 　　이것은 무엇입니까?

••• "什么"는 "무엇"이라는 뜻으로 의문을 나타낼 수 있다.
　 → 여기서 "是什么?"는 "무엇입니까?"라는 뜻으로 의문을 나타내고 있음.

4 **일반 의문문** 吗(의문대사 "吗"를 사용한 의문문)

A + 是 + B + 吗?

这 + 是 + 汉语书 + 吗? 　　이것은 중국어 책입니까?

••• "吗"는 문 말에 사용하여 의문을 나타낼 수 있다.
　 → 여기서 "是…吗?"는 "~입니까?"라는 뜻으로 의문을 나타내고 있음.

기초 세우기

● 긍정형

주어	+ 是 +	목적어
这	+ 是 +	圆珠笔。

이것은 볼펜입니다.

● 특수 의문문

주어	+ 是 +	什么?
这	+ 是 +	什么?

이것은 무엇입니까?

A
저 스 션머
这 是 什么?
Zhè shì shénme?

이것은 무엇입니까?

B
저 스 왠주비
这 是 圆珠笔。
Zhè shì yuánzhūbǐ.

이것은 볼펜입니다.

A
저 스 션머
这 是 什么?
Zhè shì shénme?

이것은 무엇입니까?

B
저 스 한위쑤
这 是 汉语书。
Zhè shì Hànyǔshū.

이것은 중국어 책입니다.

A
나 스 션머
那 是 什么?
Nà shì shénme?

저것은 무엇입니까?

B
나 스 쭝한 츠디~앤
那 是 中韩 词典。
Nà shì Zhōnghán cídiǎn.

저것은 중한사전입니다.

+NEW 새단어

这 zhè 지시대사. 이, 이것, 이 분
是 shì 동사. ~이다
什么 shénme 의문대사. 무엇
圆珠笔 yuánzhūbǐ 명사. 볼펜
汉语书 Hànyǔshū 명사. 중국어 책
那 nà 지시대사. 저, 저것, 저 분
中韩词典 Zhōnghán cídiǎn 명사. 중한사전

✤ 중국어의 기초를 다져주는 해설 한마디

① 중국어의 기본 어순은 "주어 + 술어 + 목적어"이다. 따라서 "是" 동사의 긍정형은 "주어 + 是 + 목적어"가 된다.

② 주어나 목적어에 대해 의문을 할 경우의 어순은 평서문의 어순과 같다. 따라서 "이것은 볼펜입니다"의 평서문은 "这是圆珠笔"라고 하면 되고, "이것은 무엇입니까?"라고 할 때는 "这是什么?"라고 하면 된다.

◉ 특수 의문문

주어 + 是 + 什么 + 名词?	주어 + 是 + 谁的 + 名词?
这 + 是 + 什么 + 花?	这 + 是 + 谁的 + 手机?
이것은 무슨 꽃입니까?	이것은 누구의 핸드폰입니까?

A 这 是 什么?
Zhè shì shénme?

이것은 무엇입니까?

B 这 是 花。
Zhè shì huā.

이것은 꽃입니다.

A 这 是 什么 花?
Zhè shì shénme huā?

이것은 무슨 꽃입니까?

B 这 是 迎春花。
Zhè shì yíngchūnhuā.

이것은 개나리 꽃입니다.

A 那 是 什么?
Nà shì shénme?

저것은 무엇입니까?

B 那 是 手机。
Nà shì shǒujī.

저것은 핸드폰입니다.

A 那 是 谁 的 手机?
Nà shì shuí de shǒujī?

저것은 누구의 핸드폰입니까?

B 那 是 我 的 手机。
Nà shì wǒ de shǒujī.

저것은 제 핸드폰입니다.

+new 새단어

花 huā 명사. 꽃
迎春花 yíngchūnhuā 명사. 개나리 꽃
手机 shǒujī 명사. 핸드폰
谁 shuí/shéi 의문대사. 누구
的 de 조사. ~의

❖ **중국어의 기초를 다져주는 해설 한마디**

목적어의 일부분에 대해서 의문을 할 경우에도 어순은 평서문의 어순과 같다. 따라서 "이것은 꽃입니다"의 평서문은 "这是花"라고 하면 되고, "이것은 무슨 꽃입니까?"라고 할 때는 "这是什么花?"라고 하면 된다.

응용하기

◉ 일반 의문문

| 주어 | + | 是 | + | 목적어 | + | 吗? |
| 你 | + | 是 | + | 大学生 | + | 吗? |

당신은 대학생입니까?

◉ 부정형

| 주어 | + | 不 | + | 是 | + | 목적어 |
| 我 | + | 不 | + | 是 | + | 大学生。 |

저는 대학생이 아닙니다.

A 你 是 大学生 吗?
Nǐ shì dàxuéshēng ma?

당신은 대학생입니까?

B 我 不 是 大学生, 我 是 公司 职员。
Wǒ bú shì dàxuéshēng, wǒ shì gōngsī zhíyuán.

대학생이 아니고, 회사원입니다.

A 他 也 是 公司 职员 吗?
Tā yě shì gōngsī zhíyuán ma?

저 사람도 회사원입니까?

B 他 不 是 公司 职员, 他 是 牙科 大夫。
Tā bú shì gōngsī zhíyuán, tā shì yákē dàifu.

회사원이 아니라,
치과 의사입니다.

A 她 呢?
Tā ne?

저 여자는요?

B 她 是 我 女朋友。
Tā shì wǒ nǔpéngyou.

저 여자는 제 여자 친구입니다.

A 是 吗? 真 漂亮。
Shì ma? Zhēn piàoliang.

그래요? 예쁘네요.

B 谢谢!
Xièxie!

고맙습니다.

+ new | 새단어

大学生 dàxuéshēng 명사. 대학생
公司职员 gōngsī zhíyuán 명사. 회사원
牙科大夫 yákē dàifu 명사. 치과 의사
她 tā 인칭대사. 그녀
女朋友 nǔpéngyou 명사. 여자 친구
漂亮 piàoliang 형용사. 예쁘다

❖ 중국어의 기초를 다져주는 해설 한마디

① 술어 동사에 대해서 의문을 할 경우에는 문말에 "吗"만 붙이면 된다. 따라서 "당신은 대학생입니까?"라고 할 때는 "你是大学生吗?"라고 한다.

② 부정 부사는 동사 뒤에 오는 게 아니라 동사 앞에 온다. 따라서 "是" 동사의 부정형은 "不是 + 목적어"이다.

단어 익히기

🕹 주어진 단어로 빈칸을 채워보세요.

❶ 学校 (xuéxiào 학교)

_____(초등학교), _____(중학교), _____(대학교)

❷ 学生 (xuésheng 학생)

_____(초등학생), _____(중학생), _____(대학생)

❸ 班长 (bānzhǎng 반장)

_____(회장), _____(반장), _____(조장),

_____(국장), _____(부장), _____(과장)

❹ 朋友 (péngyou 친구)

_____(친한 친구), _____(오래된 친구 ↔ 새로 사귄 친구),

_____(여자 친구 ↔ 남자 친구)

❺ 人 (rén 인)

_____(남자 ↔ 여자), _____(좋은 사람 ↔ 나쁜 사람),

_____(외국인), _____(미인), _____(대인 ↔ 어린이),

_____(백인 ↔ 흑인)

❻ 大夫 (dàifu 인)

_____(치과 의사), _____(안과 의사),

_____(내과 의사 ↔ 외과 의사)

🔋 보기

❶▸▸ A 大学 B 小学
　　dàxué 　xiǎoxué
C 中学
　zhōngxué

❷▸▸ A 小学生
　　xiǎoxuéshēng
B 中学生
　zhōngxuéshēng
C 大学生
　dàxuéshēng

❸▸▸ A 科长 B 会长
　　kēzhǎng 　huìzhǎng
C 部长 D 组长
　bùzhǎng 　zǔzhǎng
E 局长 F 班长
　júzhǎng 　bānzhǎng

❹▸▸ A 老朋友 ↔ 新朋友
　　lǎopéngyou　xīnpéngyou
B 好朋友
　hǎopéngyou
C 女朋友 ↔ 男朋友
　nǚpéngyou　nánpéngyou

❺▸▸ A 男人 ↔ 女人
　　nánrén 　nǚrén
B 好人 ↔ 坏人
　hǎorén 　huàirén
C 美人
　měirén
D 白人 ↔ 黑人
　báirén 　hēirén
E 大人 ↔ 小孩儿
　dàrén 　xiǎoháir
F 外国人
　wàiguórén

❻▸▸ A 内科 大夫
　　nèikē dàifu
　　　↕
　　外科 大夫
　　wàikē dàifu
B 牙科 大夫
　yákē dàifu
C 眼科 大夫
　yǎnkē dàifu

53

你是哪国人?

당신은 어느 나라 사람입니까?

● 말하기

● **특수 의문문** ("谁, 哪"를 사용한 특수 의문문)

주어 + 是 + 谁?	주어 + 是 + 哪国人?
他 + 是 + 谁?	你 + 是 + 哪国人?
저 분은 누구십니까?	당신은 어느 나라 사람입니까?

A 他 是 谁?
　　Tā shì shuí?

저 분은 누구십니까?

B 他 是 我 朋友。
　　Tā shì wǒ péngyou.

저 분은 제 친구입니다.

A 他 是 哪 国 人?
　　Tā shì nǎ guó rén?

그는 어느 나라 사람입니까?

B 他 是 中国人。
　　Tā shì Zhōngguórén.

그는 중국인입니다.

A 你 是 哪 国 人?
　　Nǐ shì nǎ guó rén?

당신은 어느 나라 사람입니까?

B 我 是 韩国人。
　　Wǒ shì Hánguórén.

저는 한국인입니다.

A 他 是 谁?
　　Tā shì shuí?

저 사람은 누구시죠?

B 他 是 我们 英语 老师。
　　Tā shì wǒmen Yīngyǔ lǎoshī.

저 사람은 우리 영어 선생님입니다.

A 他 是 哪 国 人?
　　Tā shì nǎ guó rén?

그는 어느 나라 사람입니까?

B 他 是 美国人。
　　Tā shì Měiguórén.

그는 미국인입니다.

+new | 새단어

他 tā 인칭대사. 그, 그분
哪 nǎ 의문대사. 어느
哪国人 nǎ guó rén 어느 나라 사람

韩国人 Hánguórén 명사. 한국인
英语老师 Yīngyǔ lǎoshī 영어 선생
美国人 Měiguórén 명사. 미국인

그림을 통해 익히는 중국어

▶▶ **中国** 중국
Zhōngguó

▶▶ **中国人** 중국인
Zhōngguórén

▶▶ **汉语** 중국어
Hànyǔ

▶▶ **韩国** 한국
Hánguó

▶▶ **韩国人** 한국인
Hánguórén

▶▶ **韩语** 한국어
Hányǔ

▶▶ **英国** 영국
Yīngguó

▶▶ **英国人** 영국인
Yīngguórén

▶▶ **英语** 영어
Yīngyǔ

▶▶ **美国** 미국
Měiguó

▶▶ **美国人** 미국인
Měiguórén

▶▶ **美语** 미국식 영어
Měiyǔ

▶▶ **日本** 일본
Rìběn

▶▶ **日本人** 일본인
Rìběnrén

▶▶ **日语** 일본어
Rìyǔ

▶▶ **法国** 프랑스
Fǎguó

▶▶ **法国人** 프랑스인
Fǎguórén

▶▶ **法语** 프랑스어
Fǎyǔ

▶▶ **德国** 독일
Déguó

▶▶ **德国人** 독일 사람
Déguórén

▶▶ **德语** 독일어
Déyǔ

▶▶ **意大利** 이태리
Yìdàlì

▶▶ **意大利人** 이태리 사람
Yìdàlìrén

▶▶ **意大利语** 이태리어
Yìdàlìyǔ

▶▶ **西班牙** 스페인
Xībānyá

▶▶ **西班牙人** 스페인 사람
Xībānyárén

▶▶ **西班牙语** 스페인어
Xībānyáyǔ

A 你 好! 你 是 李 老师 吗?
Nǐ hǎo! Nǐ shì Lǐ lǎoshī ma?

안녕하세요! 이 선생님이시죠?

B 对, 我 是 李 老师。 你 是 谁?
Duì, wǒ shì Lǐ lǎoshī. Nǐ shì shuí?

네, 제가 이 선생인데요, 누구시죠?

A 我 是 英南 的 朋友 辛闵。
Wǒ shì Yīngnán de péngyou Xīnmǐn.

영남이 친구 신민입니다.

B 你 好! 认识 你 我 很 高兴。
Nǐ hǎo! Rènshi nǐ wǒ hěn gāoxìng.

안녕하세요! 당신을 알게 되어서 대단히 기쁩니다.

A 认识 你 我 也 很 高兴。
Rènshi nǐ wǒ yě hěn gāoxìng.

당신을 알게 되어 저도 대단히 기쁩니다.

B 你 也 是 韩国人 吗?
Nǐ yě shì Hánguórén ma?

당신도 한국 사람입니까?

A 不, 我 不 是 韩国人, 我 是 日本人。
Bù, wǒ bú shì Hánguórén, wǒ shì Rìběnrén.

아니요, 한국 사람이 아니고, 일본 사람입니다.

B 是 吗?
Shì ma?

그래요?

A 我 和 英南 是 同屋。
Wǒ hé Yīngnán shì tóngwū.

저와 영남이는 룸메이트입니다.

B 噢, 是 这样。
Ō, shì zhèyang.

네~, 그렇군요.

A 初 次 见面, 请 多 关照。
Chū cì jiànmiàn, qǐng duō guānzhào.

처음 뵙겠습니다. 잘 부탁드립니다.

+new | 새단어

对 duì 형용사. 맞다
认识 rènshi 동사. 알다
高兴 gāoxìng 형용사. 기쁘다
同屋 tóngwū 명사. 룸메이트
噢 ō 이미 이해했거나 납득했음을 나타냄
是这样 shì zhèyàng 그렇군요

初次 chūcì 처음
见面 jiànmiàn 자동사. 만나다("见"은 "만나다"라는 뜻이고, "面"은 얼굴이라는 뜻이다. 따라서 "그를 만나다"라고 할 때는 "见他"라고 해야 한다.
请 qǐng 상대방에게 어떤 일을 부탁하거나 권유할 때 쓰는 경어
关照 guānzhào 동사. 돌보다

서술하기

동료

辛闵
Xīnmǐn

짝꿍

木村
Mùcūn

룸메이트

英南
Yīngnán

주인공

남자 친구

明明
Míngming

영어 선생님

玛丽
Mǎlì

친한 친구

曼德拉
Màndélā

这是我同屋英南，他是韩国人。
(tóngwū 룸메이트)

这是我同事辛闵，他也是韩国人。
(tóngshì 동료)

这是我同桌木村，他是日本人。
(tóngzhuō 짝꿍)

这是我男朋友明明，他是中国人。
(nánpéngyou 남자 친구)

这是我好朋友曼德拉，她是印度人。
(hǎopéngyou 친한 친구)

这是我们英语老师玛丽，是英国人。
(Yīngyǔ lǎoshī 영어 선생님)

她很漂亮，也很有意思。
(piàoliang 예쁘다) (yǒuyìsi 재미있다)

我们都很喜欢她。
(dōu 모두) (xǐhuan 좋아한다)

➤ 오늘의 한 마디 ⬅

❶

谁 啊?
Shuí a?
누구야?

是 我, 英南。
Shì wǒ, Yīngnán.
나야, 영남이.

❷

辛闵。
Xīnmǐn.
신민.

到。
Dào.
네.

 # 말하기 연습

1 다음 그림을 보고 말하기 연습을 해보세요.

❶

小学生
xiǎoxuéshēng

中学生
zhōngxuéshēng

大学生
dàxuéshēng

我弟弟是＿＿＿＿＿＿，

我妹妹是＿＿＿＿＿＿，

我是＿＿＿＿＿＿。

❷

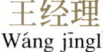

王经理
Wáng jīnglǐ

李部长
Lǐ bùzhǎng

张科长
Zhāng kēzhǎng

这是我们公司的＿＿＿＿＿＿，这是我们公司的＿＿＿＿＿＿，

这是我们公司的＿＿＿＿＿＿。

2 실제 상황에 맞게 말하기 연습을 해보세요.

❶ 다음 문형을 이용하여 자신의 식구를 소개해 보세요.

我爸爸是……，我妈妈是……，我弟弟是……

＊보충 단어: 警察 jǐngchá 경찰 | 律师 lùshī 변호사 | 秘书 mìshū 비서 | 家庭主妇 jiātíng zhǔfù 가정 주부

❷ 다음 문형을 이용하여 책상 위에 놓여 있는 물건을 가리키며 일문일답 회화 연습을 해보세요.

A : 这是什么？

B : 这是……

＊보충 단어: 铅笔 qiānbǐ 연필 | 橡皮 xiàngpí 지우개 | 书包 shūbāo 책가방 | 本子 běnzi 노트
　　　　　 钱包 qiánbāo 지갑 | 钥匙 yàoshi 키 | 打火机 dǎhuǒjī 라이터

마무리 연습 문제

✹ 올바른 문장을 골라 보세요.

①　A　这是汉语书。
　　　B　这汉语书是。

②　A　这是我的孩子。
　　　B　这是我孩子。

③　A　我是不老师。
　　　B　我不是老师。
　　　C　我老师不是。

④　A　这是什么？
　　　B　这是什么吗？
　　　C　这什么是吗？

⑤　A　你学生是吗？
　　　B　你是学生吗？
　　　C　你学生吗？

⑥　A　我爸爸是大夫。
　　　B　我的爸爸大夫是。
　　　C　我爸爸大夫是。

⑦　A　这是我词典。
　　　B　这我的词典是。
　　　C　这是我的词典。

⑧　A　这是谁的手机？
　　　B　这谁的手机是？
　　　C　这是谁的手机吗？

⑨　A　你是哪国人吗？
　　　B　你哪国人是吗？
　　　C　你是哪国人？

⑩　A　这不是你的钥匙吗？
　　　B　这你的钥匙不是？
　　　C　这是你的钥匙不吗？

문법 총정리

❶ 긍정형 是(~이다)

> 주어 + 是 + 목적어
>
> 这是汉语书。　　이것은 중국어 책입니다.
>
> ••• "是"는 "~이다"라는 뜻으로 긍정을 나타냄.

❷ 부정형 不是(~이 아니다)

> 주어 + 不 + 是 + 목적어
>
> 这不是汉语书。　　이것은 중국어 책이 아닙니다.
>
> ••• "不是"는 "~이 아니다"라는 뜻으로 부정을 나타냄.

❸ 특수 의문문 什么(의문대사 "什么"를 사용한 특수 의문문)

> **❶** 주어 + 是 + 什么?
>
> 这是什么?　　이것은 무엇입니까?
>
> ••• "什么"는 "무엇"이라는 뜻으로 의문을 나타낼 수 있다. 여기서 "是什么?"는 "무엇입니까?" 라는 뜻으로 의문을 나타내고 있음.

> **❷** 주어 + 是 + 什么 + 名词?
>
> 这是什么书?　　이것은 무슨 책입니까?
>
> ••• "什么"는 "무엇"이라는 뜻으로 의문을 나타낼 수 있다. 여기서 "什么书?"는 "무슨 책?"이라 는 뜻이고, "是什么书?"는 "무슨 책입니까"라는 뜻으로 의문을 나타내고 있음.

❹ 특수 의문문 谁(의문대사 "谁"를 사용한 특수 의문문)

> **❶** 주어 + 是 + 谁?
>
> 他是谁?　　그는 누구입니까?
>
> ••• "谁"는 "누구"라는 뜻으로 의문을 나타낼 수 있다. 여기서 "是谁?"는 "누구입니까?"라는 뜻으 로 의문을 나타냄.

> **❷** 주어 + 是 + 谁的 + 名词?
>
> 这是谁的书?　　이것은 누구의 책입니까?
>
> ••• "谁"는 "누구"라는 뜻으로 의문을 나타낼 수 있다. 여기서 "谁的书?"는 "누구의 책?"이라는 뜻이고, "是谁的书?"는 "누구의 책입니까?"라는 뜻으로 의문을 나타내고 있음.

❺ 특수 의문문 哪(의문대사 "哪"를 사용한 특수 의문문)

> 주어 + 是 + 哪国人?
>
> 你是哪国人?   당신은 어느 나라 사람입니까?

• • • "哪"는 "어느"라는 뜻으로 의문을 나타낼 수 있다.

　　→ 여기서 "哪国人?"은 "어느 나라 사람?"이라는 뜻이고, "是哪国人?"은 "어느 나라 사람입니
　　　까?"라는 뜻으로 의문을 나타내고 있음.

❻ 일반 의문문 吗(문말에 의문대사 "吗"를 사용한 일반 의문문)

> 주어 + 是 + 목적어 + 吗?
>
> 这是汉语书吗?   이것은 중국어 책입니까?

• • • "吗"는 문말에 쓰여 의문을 나타낼 수 있다.

　　→ 여기서 "是...吗?"는 "~입니까?"라는 뜻으로 의문을 나타내고 있음.

주의

❶ 일반 의문문은 평서문의 문말에 "吗"만 붙이면 되고, 특수 의문문의 어순은 평서문의 어순과 같다.

　① 평서문의 어순 : 주어 + 술어 + 목적어

　② 일반 의문문 : 주어 + 술어 + 목적어 + 吗?

　③ 특수 의문문 : 주어 + 술어 + 의문대사 (什么, 哪, 谁)?

这是汉语书。이것은 중국어 책입니다.　　　我是韩国人。저는 한국인입니다.

这是汉语书吗? 이것은 중국어 책입니까?　　你是韩国人吗? 당신은 한국인입니까?

这是什么? 이것은 무엇입니까?　　　　　你是谁? 당신은 누구십니까?

这是什么书? 이것은 무슨 책입니까?　　　你是哪国人? 당신은 어느 나라 사람입니까?

这是谁的书? 이것은 누구의 책입니까?　　　你是哪儿的人? 당신은 어디 사람입니까?

❷ "什么(무엇), 吗(~까), 谁(누구), 哪(어느)" 등은 모두 의문대사이다. 이러한 의문대사를 사용하여 의문문을 만들 때 의문대사는 하나만 사용해야 한다. 따라서 의문대사 두 개를 사용한 "这是什么吗?"는 비문이다.

这是什么? 이것은 무엇입니까?　　　　　(○)

这是什么吗?　　　　　　　　　　　　　(×)

你是谁? 당신은 누구십니까?　　　　　　(○)

你是谁吗?　　　　　　　　　　　　　　(×)

업그레이드 중국어 문법 해설

① 지시대사

这 zhè	이, 이것, 이분	这个 zhè ge	이것	这儿 zhèr	여기
那 nà	저, 저것	那个 nà ge	저것	那儿 nàr	저기(거기)
哪 nǎ	어느	哪个 nǎ ge	어느 것	哪儿 nǎr	어디

② "的"의 생략

구 분	생략 가능		생략 불가
인칭대사 + 식구	我 爸爸 우리 아빠 wǒ bàba 我 爱人 제 남편(부인) wǒ àiren	我 妹妹 제 여동생 wǒ mèimei 我 爷爷 저희 할아버지 wǒ yéye	我 的 孩子 제 아이 wǒ de háizi
인칭대사 + 본인이 소속되어 있는 기관이나 단체	我们 韩国 우리 한국 wǒmen Hánguó 我们 班 우리 반 wǒmen bān 我们 公司 우리 회사 wǒmen gōngsī 我们 办公室 우리 사무실 wǒmen bàngōngshì	我们 学校 우리 학교 wǒmen xuéxiào 我 家 우리 집 wǒ jiā 我们 小组 우리 조 wǒmen xiǎozǔ	
인칭대사 + 선생(친구)	我们 老师 우리 선생님 wǒmen lǎoshī 我 朋友 제 친구 wǒ péngyou		我的老师 나의 선생님 wǒ de lǎoshī 我们的朋友 우리의 친구 wǒmen de péngyou

06 你姓什么?

성이 어떻게 되시죠?

● 기본 문법 및 문형

1 **수량사 술어문** (수량사가 술어가 되는 문장을 수량사 술어문이라고 한다)

주어 + 수사 + 양사

我 + 28 + 岁。   저는 28살입니다.

••• 수사 + 양사 = 수량사. 여기서 "岁"는 양사이다.

주의 이 문장에 "是"를 넣으면 비문이 된다.

2 **"在 ~에서"의 용법**

주어 + 在 + 장소 + 술어 + 목적어

我 + 在 + 公司 + 吃 + 午饭。

저는 회사에서 점심식사를 합니다.

••• "在" 뒤에는 반드시 장소가 와야 한다.

3

형용사 + 死 + 了

累 + 死 + 了。   힘들어 죽겠다.

••• "饿(è)死了 배고파 죽겠다", "困(kùn)死了 졸려 죽겠다", "热(rè)死了 더워 죽겠다", "冻(dòng)死了 얼어 죽겠다"와 같이 부정적인 의미를 지닌 형용사와 결합하여 사용하는 경우가 많다.

기초 세우기

● **긍정형**

주어 + 술어 + 목적어

我 + 姓 + 王。
성은 왕입니다.

● **특수 의문문**

주어 + 술어 + **什么?**

你 + 姓 + 什么?
성이 어떻게 되시죠?

Ⓐ 你 姓 什么?
Nǐ xìng shénme?

성이 어떻게 되시죠?

Ⓑ 我 姓 王。
Wǒ xìng Wáng.

성은 왕입니다.

Ⓐ 你 叫 什么 名字?
Nǐ jiào shénme míngzi?

이름이 어떻게 되시죠?

Ⓑ 我 叫 王 明明。
Wǒ jiào Wáng míngming.

왕 밍밍이라고 합니다.

Ⓐ 我 叫 金钢。认识 你 我 很 高兴。
Wǒ jiào Jīngāng. Rènshi nǐ wǒ hěn gāoxìng.

저는 찐깡이라고 합니다. 당신을 알게 되어 대단히 기쁩니다.

Ⓑ 认识 你 我 也 很 高兴。
Rènshi nǐ wǒ yě hěn gāoxìng.

당신을 알게 되어 저도 대단히 기쁩니다.

+NEW | 새단어

姓 xìng 동사. 성은 ~이다
叫 jiào 동사. (이름은) ~라고 부르다
名字 míngzi 명사. 이름
认识 rènshi 동사. 알다
高兴 gāoxìng 형용사. 기쁘다

❖ 중국어의 기초를 다져주는 해설 한마디

① "姓 성은 ~이다"와 "叫 ~라고 부르다"는 모두 동사이기 때문에 반드시 주어 뒤, 목적어 앞에 와야 한다.

② 성을 정중하게 물을 때는 "您贵姓 Nín guì xìng?"이라고도 한다.

◉ 수량사 술어문 (수량사 = 수사 + 양사)

> 주어 + 수사 + 양사

我 + 28 + 岁。　　　주의 여기에 "是~이다"를 넣으면 비문이 된다.
저는 28살입니다.

Ⓐ 你 爸爸 今年 多大 年纪 了?　　당신의 아버님은 올해 연세가
　 Nǐ　bàba　jīnnián　duōdà　niánjì　le?　　어떻게 되셨어요?

Ⓑ 我 爸爸 今年 六十 岁。　　저의 아버님은 올해 60세이십니다.
　 Wǒ　bàba　jīnnián　liùshí　suì.

Ⓐ 你 今年 多大 了?　　당신은 올해 나이가 어떻게 되죠?
　 Nǐ　jīnnián　duōdà　le ?

Ⓑ 我 今年 二十八 岁。　　올해 28살입니다.
　 Wǒ　jīnnián　èrshíbā　suì.

Ⓐ 你 属 什么?　　무슨 띠입니까?
　 Nǐ　shǔ　shénme?

Ⓑ 我 属 龙。　　용띠입니다.
　 Wǒ　shǔ　lóng.

Ⓐ 我 也 属 龙。　　저도 용띠인데요.
　 Wǒ　yě　shǔ　lóng.

Ⓑ 那 我们 俩 同岁。　　그럼 우리 둘은 동갑이네요.
　 Nà　wǒmen　liǎ　tóngsuì.

+NEW 새단어

今年 jīnnián 명사. 올해
多大 duōdà 얼마
年纪 niánjì 명사. 연세
了 le 되다
六十 liùshí 60
岁 suì 명사. 세
二十八 èrshíbā 28

属 shǔ 동사. ~띠이다
龙 lóng 명사. 용
俩 liǎ 수량사. 둘
同岁 tóngsuì 동갑

❖ 중국어의 기초를 다져주는 해설 한마디

① 연세가 많은 사람에게 나이를 물을 때
　你多大年纪了? 연세가 어떻게 되셨어요?

② 동년배나 자기보다 나이가 적은 사람에게 나이를
　물을 때
　你多大了? 나이가 어떻게 되죠?

③ 열살 미만인 아이의 나이를 물을 때
　你几岁了? 몇 살이니?

응용하기

◉ "在 ～에서"의 용법

주어 + 在 + 장소 + 술어 + 목적어
我 + 在 + 公司 + 吃 + 午饭。

저는 회사에서 점심식사를 합니다.

형용사 + 死 + 了
累 + 死 + 了。

힘들어 죽겠다.

A 你 爸爸 在 哪儿 工作?
Nǐ bàba zài nǎr gōngzuò?

당신의 아버님은 어디에서 근무를 하십니까?

B 我 爸爸 在 贸易 公司 工作。
Wǒ bàba zài màoyì gōngsī gōngzuò.

저희 아버님은 무역회사에서 근무하십니다.

A 那 你 妈妈 呢?
Nà nǐ māma ne?

그럼 당신의 어머님은요?

B 我 妈妈 不 工作。
Wǒ māma bù gōngzuò.

저희 어머님은 일을 하지 않으십니다.

A 你 做 什么 工作?
Nǐ zuò shénme gōngzuò?

당신은 어떤 일을 하십니까?

B 我 是 报社 记者。
Wǒ shì bàoshè jìzhě.

저는 신문사 기자입니다.

A 记者? 那 一定 很 好玩儿。
Jìzhě? Nà yídìng hěn hǎowánr.

기자요? 아주 재미있을 것 같은 데요.

B 好玩儿 什么 呀, 都 累 死 了。
Hǎowánr shénme ya, dōu lèi sǐ le.

재미있기는요, 힘들어 죽겠어요.

✛ new 새단어

在 zài 개사. ～에서
贸易 màoyì 명사. 무역
公司 gōngsī 명사. 회사
报社 bàoshè 명사. 신문사

记者 jìzhě 명사. 기자
一定 yídìng 부사. 반드시
好玩儿 hǎowánr 재미있다
呀 ya 조사. 문장 끝에 쓰여 어기를 도와줌

都 dōu 부사. 심지어
累死了 lèi sǐ le 힘들어 죽겠다

✤ 중국어의 기초를 다져주는 해설 한마디

① "有"의 부정은 "没有"이지만, "是～이다", "工作 일하다", "认识 알다" 등과 같은 동사의 부정은 "不"로 한다.

② 什么 : ⓘ 무엇 ⓘⓘ 강력한 부정을 나타냄. 예 好玩儿什么呀? 재미있기는 뭐가 재미있어?

단어 익히기

⊛ **주어진 단어로 빈칸을 채워보세요.**

❶ 者 (zhě 자)

_____(학자), _____(작자), _____(기자)

❷ 报社 (bàoshè 신문사)

_____(석간), _____(조간), _____(일보)

❸ 换 (huàn 바꾸다)

_____(옷을 바꿔 입다), _____(환전),

_____(사람을 바꾸다)

❹ 生 (shēng 생)

_____(신입생), _____(남학생 ↔ 여학생), _____(유학생)

❺ 年纪 (niánjì 연세)

_____(연대), _____(연초 ↔ 연말), _____(연령),

_____(연로하다)

❻ 同岁 (tóngsuì 동갑)

_____(동학), _____(동지), _____(동료),

_____(같은 반), _____(동정), _____(동포),

_____(짝꿍), _____(동시)

➕ 보기

❶▸▸ A 记者   B 学者
　　　 jìzhě   xuézhě
　　　 C 作者
　　　 zuòzhě

❷▸▸ A 日报   B 早报
　　　 rìbào   zǎobào
　　　 C 晚报
　　　 wǎnbào

❸▸▸ A 换钱   B 换人
　　　 huànqián huànrén
　　　 C 换衣服
　　　 huànyīfu

❹▸▸ A 男生 ↔ 女生
　　　 nánshēng nǚshēng
　　　 B 新生
　　　 xīnshēng
　　　 C 留学生
　　　 liúxuéshēng

❺▸▸ A 年龄   B 年代
　　　 niánlíng niándài
　　　 C 年初 ↔ 年末
　　　 niánchū niánmò
　　　 D 年老
　　　 niánlǎo

❻▸▸ A 同班   B 同学
　　　 tóngbān   tóngxué
　　　 C 同事   D 同桌
　　　 tóngshì   tóngzhuō
　　　 E 同志   F 同时
　　　 tóngzhì   tóngshí
　　　 G 同情   H 同胞
　　　 tóngqíng tóngbāo

我不认识他。

저는 그 사람을 모릅니다.

● 말하기

A 你 认识 王 明明 吗?
Nǐ rènshi Wáng míngming ma?

왕 밍밍을 아니?

B 不 认识。
Bú rènshi.

모르는데.

A 就是 今天 新 来 的 那 个 男生。
Jiùshì jīntiān xīn lái de nà ge nánshēng.

오늘 새로 온 그 남학생말이야.

B 啊, 他 呀, 怎么 了?
À, tā ya, zěnme le?

응, 걔, 왜?

A 听说 他 家 很 有钱。
Tīngshuō tā jiā hěn yǒuqián.

들은 바로는 걔네 집에 돈이 무척 많단다.

B 是 吗?
Shì ma?

그래?

A 他 穿 的 衣服 都 是 世界 名牌儿。
Tā chuān de yīfu dōu shì shìjiè míngpáir.

걔가 입은 옷이 모두 세계 유명 브랜드야.

B 你 的 衣服 也 不差 啊!
Nǐ de yīfu yě búchà a!

네 옷도 나쁘지 않은데!

A 我 的 衣服 都 是 国产的。
Wǒ de yīfu dōu shì guóchǎnde.

내 옷은 모두 국산이야.

B 现在 国产的 也 不错 啊!
Xiànzài guóchǎnde yě búcuò a!

요즘은 국산도 좋아!

+NEW 새단어

就是 jiùshì 바로 ~이다
新来的 xīn lái de 새로 온
男生 nánshēng 명사. 남학생
啊 à 어조사. (길게 발음하여) 명백하게
　　알았다는 뜻을 나타냄
怎么了 zěnme le 왜?
听说 tīngshuō 동사. 들은 바로는

有钱 yǒuqián 부유하다
穿 chuān 동사. 입다
衣服 yīfu 명사. 옷
世界 shìjiè 명사. 세계
名牌儿 míngpáir 명사. 명품
不差 búchà 형용사. 나쁘지 않다
啊 a 어조사. 문장의 끝에 쓰여 감탄을
나타냄

国产 guóchǎn 명사. 국산
国产的 guóchǎnde 국산 것
现在 xiànzài 명사. 현재
不错 búcuò 형용사. 좋다
王明明 Wáng míngming
　　명사. 왕 밍밍(인명)

❖ 중국어의 기초를 다져주는 해설 한마디

① "的 ~의"의 용법 : 我的汉语书(나의 중국어 책), 新来的男生(새로 온 남학생), 他穿的衣服(그가 입은 옷)
② "的 ~것"의 용법 : 国产的(국산 것), 我的(내 것), 好的(좋은 것), 吃的(먹을 것), 穿的(입을 것)

그림을 통해 익히는 중국어

①

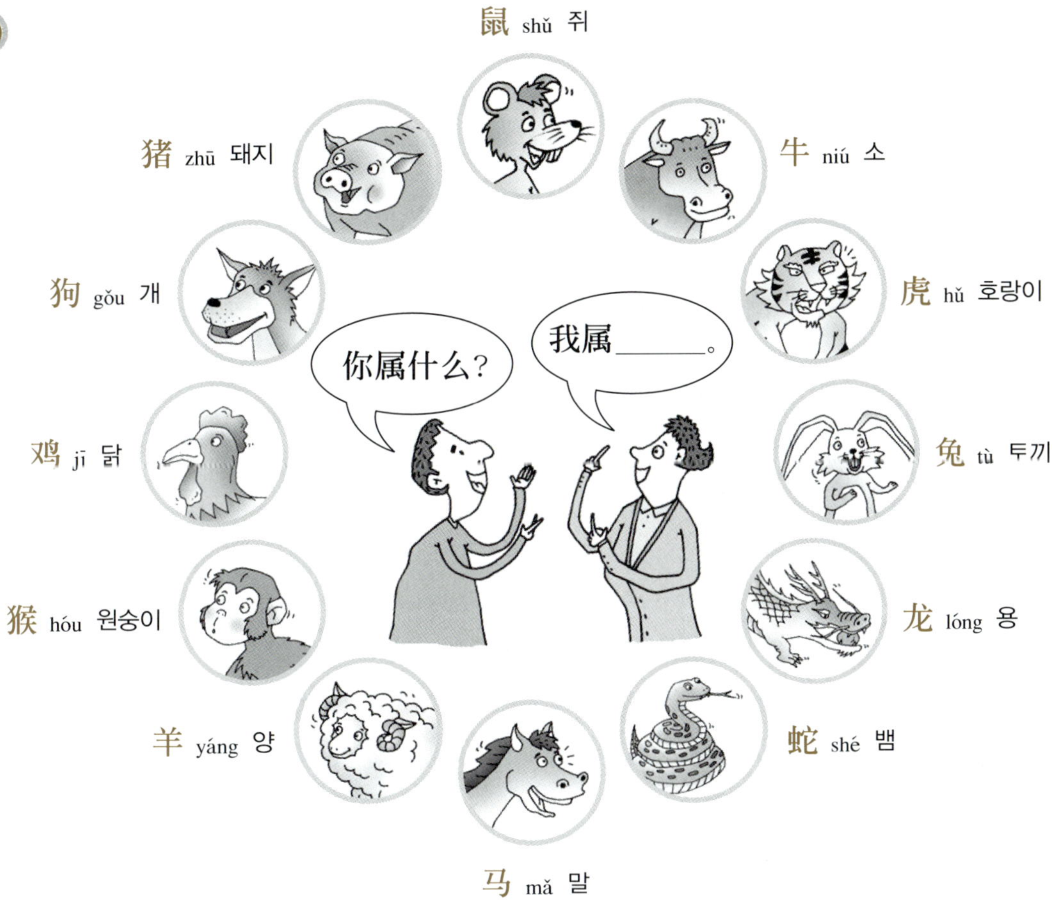

鼠 shǔ 쥐

猪 zhū 돼지

牛 niú 소

狗 gǒu 개

虎 hǔ 호랑이

你属什么？

我属_____。

鸡 jī 닭

兔 tù 토끼

猴 hóu 원숭이

龙 lóng 용

羊 yáng 양

蛇 shé 뱀

马 mǎ 말

②

一	二	三	四	五	六	七	八	九	十
yī	èr	sān	sì	wǔ	liù	qī	bā	jiǔ	shí

十一	十二	十三	十四	十五	十六	十七	十八	十九	二十
shíyī	shí'èr	shísān	shísì	shíwǔ	shíliù	shíqī	shíbā	shíjiǔ	èrshí

三十	四十	五十	六十	七十	八十	九十	一百	一千	一万
sānshí	sìshí	wǔshí	liùshí	qīshí	bāshí	jiǔshí	yìbǎi	yìqiān	yíwàn

활용하기

A 我 姓 金，我 叫 金钢，今年 29 岁。
Wǒ xìng Jīn, wǒ jiào Jīngāng, jīnnián èrshíjiǔ suì.

성은 김이고, 이름은 찐깡이며, 나이는 29살입니다.

B 我 姓 王，我 叫 王 明明，今年 28 岁。
Wǒ xìng Wáng, wǒ jiào Wáng míngming, jīnnián èrshíbā suì.

저는 성이 왕이고, 이름은 왕 밍밍이며, 나이는 28살입니다.

A 认识 你，我 很 高兴。
Rènshi nǐ, wǒ hěn gāoxìng.

당신을 알게 되어서 대단히 기쁩니다.

B 认识 你，我 也 很 高兴。
Rènshi nǐ, wǒ yě hěn gāoxìng.

당신을 알게 되어서 저도 대단히 기쁩니다.

A 你 是 韩国人 吗？
Nǐ shì Hánguórén ma?

당신은 한국 사람입니까?

B 对，我 是 韩国人。
Duì, wǒ shì Hánguórén.

네, 한국 사람입니다.

A 你 做 什么 工作？
Nǐ zuò shénme gōngzuò?

어떤 일을 하세요?

B 我 是 旅行社 的 导游。
Wǒ shì lǚxíngshè de dǎoyóu.

저는 여행사 가이드입니다.

A 我 是 银行 的 职员。
Wǒ shì yínháng de zhíyuán.

저는 은행원입니다.

B 是 吗？在 你们 那儿 可以 换 美元 吗？
Shì ma? Zài nǐmen nàr kěyǐ huàn měiyuán ma?

그래요? 당신의 회사에서 달러를 바꿀 수 있나요?

A 当然 可以。
Dāngrán kěyǐ.

당연히 가능하죠.

B 太 好 了，明天 我 去 你们 那儿 换钱。
Tài hǎo le, míngtiān wǒ qù nǐmen nàr huànqián.

잘됐네요, 내일 당신한테 환전하러 갈게요.

+new | 새단어

金刚 Jīngāng 명사. 찐깡(인명)
旅行社 lǚxíngshè 명사. 여행사
导游 dǎoyóu 명사. 가이드
那儿 nàr 대사. 그 곳 *你们那儿 당신한테(인칭대사+那儿, 这儿＝그 사람이 있는 곳)
可以 kěyǐ 조동사. 가능하다

换 huàn 동사. 바꾸다
换钱 huànqián 동사. 환전하다
美元 měiyuán 명사. 달러
当然 dāngrán 형용사. 당연하다
太好了 tài hǎo le 잘됐네요

서술하기

李英男 Lǐyīngnán

李英男 今年 28 岁, 属 狗, 韩国人, 他 在 贸易 公司 工作,
Lǐyīngnán jīnnián èrshíbā suì, shǔ gǒu, Hánguórén, tā zài màoyì gōngsī gōngzuò,

他 的 工作 很 多, 也 很 累。
tā de gōngzuò hěn duō, yě hěn lèi.

金英淑 Jīnyīngshū

金英淑 今年 25 岁, 属 牛, 也 是 韩国人,
Jīnyīngshū jīnnián èrshíwǔ suì, shǔ niú, yě shì Hánguórén,

她 在 银行 工作, 她 的 工作 不 多, 所以(그러므로) 不 太 累。
tā zài yínháng gōngzuò, tā de gōngzuò bù duō, suǒyǐ   bú tài lèi.

李英男 和 金英淑 是 大学 同学, 他们 是 好同学, 也 是 好朋友。
Lǐyīngnán hé Jīnyīngshū shì dàxué tóngxué, tāmen shì hǎotóngxué, yě shì hǎopéngyou.

➤ 오늘의 한 마디 ◄

❶

我 走 了!
Wǒ zǒu le.
다녀 오겠습니다!

小心 汽车。
Xiǎoxīn qìchē.
차 조심해.

❷

我 回来 了!
Wǒ huílai le.
다녀 왔습니다!

71

말하기 연습

1 다음 그림을 보고 말하기 연습을 해보세요.

❶

22岁
小王
XiǎoWáng

34岁
小李
XiǎoLǐ

38岁
小金
XiǎoJīn

小王_____, 小李_____, 小金_____。

❷

百货商店
bǎihuò shāngdiàn

银行
yínháng

书店
shūdiàn

我在_____工作, 我男朋友在_____工作,

我的好朋友在_____工作。

2 실제 상황에 맞게 말하기 연습을 해보세요.

❶ 다음 문형을 이용하여 자기 식구의 성을 소개해 보세요.

我爸爸姓......, 我妈妈姓......, 我奶奶......

＊보충 단어 : 朴 piáo | 申 shēn | 沈 shěn | 辛 xīn | 安 ān | 张 zhāng | 金 jīn | 李 lǐ | 吴 wú | 白 bái
徐 xú | 许 xǔ | 宋 sòng | 赵 zhào | 孙 sūn | 洪 hóng | 姜 jiāng | 全 quán | 权 quán
裴 péi | 杨 yáng | 刘 liú | 柳 liǔ

❷ 다음 문형을 이용하여, 회화 연습을 해보세요.

A : 你爸爸(妈妈, 姐姐, 哥哥, 弟弟, 妹妹)属什么?

B : 我爸爸(妈妈, 姐姐, 哥哥, 弟弟, 妹妹)属......

마무리 연습 문제

❋ 올바른 문장을 골라 보세요.

❶ A 我们俩是岁同。
B 我们俩岁同。
C 我们俩同岁。

❷ A 你性什么?
B 姓什么你?
C 您贵姓?

❸ A 我衣服都是国产。
B 我的衣服国产都是。
C 我的衣服都是国产的。

❹ A 我也属龙。
B 我属龙也。
C 也我龙属。

❺ A 我认识你很高兴。
B 认识你很高兴。
C 你认识我也很高兴。

❻ A 你什么工作做?
B 你做什么工作?
C 什么工作你做?

❼ A 就是今天新来的那个男生。
B 就是今天来的新男生。
C 就是今天新来那个的男生。

❽ A 我是贸易公司工作。
B 我工作在贸易公司。
C 我在贸易公司工作。

❾ A 他衣服都是世界名牌儿。
B 他衣服穿的都是世界名牌儿。
C 他穿的衣服都是世界名牌儿。

❿ A 你们哪儿可以换美元吗?
B 你们在那儿可以换美元吗?
C 在你们那儿可以换美元吗?

중국
특유의
여러 증서들

结婚证 (결혼증)

일종의 결혼 증서인데, 증서에는 이름과 결혼 신고일 등이 기재되어 있으며, 부부가 함께 찍은 사진도 부착되어 있다. 호텔 투숙 시 이러한 결혼 증서가 없으면, 설령 부부일지라도 같은 방을 쓸 수 없다.

离婚证 (이혼증)

부부가 이혼하게 되면 이혼증을 발급받는데, 이혼 증서에는 부부가 함께 찍은 사진이 아니라 본인 사진만 부착되어 있다. 만약 재혼할 경우에는 이혼 증서를 제시해야만 재혼할 수 있다.

独生子女证 (독자, 독녀증)

2000년 11월 기준으로 중국의 인구는 약 12억 9,533만 명에 이른다. 따라서 중국정부는 산아제한정책을 실시하고 있다. 한 가족이 아이 하나만 낳도록 하는 정책이다. 이렇게 정부의 정책대로 아이를 하나만 낳으면 "独生子女证" "독자, 독녀증"을 발급받게 되고, 하나 이상을 낳으면 범칙금을 낼뿐만 아니라 직장에서도 불이익을 받게 된다. 하지만 노동력이 절대 부족한 농촌에서는 몰래 아이를 낳는 경우가 많다. 이렇게 몰래 낳은 아이는 호적(중국에서는 户口라함)이 없다.

户口本 (호구책)

"户口本"은 본인과 가족들이 함께 살고 있는 거주지를 표기하는 증서이다. 여기에는 주소, 이름, 호주 및 호주와의 관계 등이 기재되어 있다. 호구는 취직이나 학교에 입학할 때 반드시 제시해야 한다. 예컨데 초·중·고등학교에 입학할 때 학교 소재지의 호구가 없으면, 받아 주지 않거나 학비가 아주 비싸다. 취직할 때도 직장 소재지의 호구를 요구하는 경우가 많다. 따라서 중국에서는 호구가 아주 큰 의미를 지니고 있다. 농촌 호구인 사람은 도시로 이사가더라도 호구를 마음대로 옮길 수 없지만, 시내 호구는 농촌 호구로 마음대로 전환할 수 있다.

07 我有手机。

저는 핸드폰이 있습니다.

🔵 기본 문법 및 문형

1 **'有' 자문의 긍정형** 有(있다)

> 주어 + 有 + 목적어 ···· "有"는 무엇을 "소유하고 있다"라는 뜻을 나타내고있다.
>
> 我 + 有 + 手机。 저는 핸드폰이 있습니다.

2 **'有' 자문의 부정형** 没有(없다)

> 주어 + 没 + 有 + 목적어 ···· "有"의 부정은 "没有"이다.
>
> 我 + 没 + 有 + 汽车。 저는 자동차가 없습니다.

3 **선택 의문문** (두 가지 상황을 제시한 후, 그 중 한 가지 상황을 선택하도록 하는 의문문)

> (是) + 명사(동사) + 还是 + 명사(동사)? ···· 앞에 오는 "是"는 생략할 수 있다.
>
> (是) + 儿子 + 还是 + 女儿? 아들입니까, 아니면 딸입니까?

4 **중국어의 어순**

> 시간사 + 주어 + (시간사) + 술어 + 목적어 ···· 시간사는 주어의 앞이나 뒤에 모두 올 수 있다.
>
> 今天晚上我有约会 = 我今天晚上有约会。
>
> 저는 오늘 저녁에 약속이 있습니다.

기초 세우기

◉ **긍정형**

주어 + 有 + 목적어

我 + 有 + 手机。

저는 핸드폰이 있습니다.

◉ **일반 의문문**

주어 + 有 + 목적어 + 吗?

你 + 有 + 汽车 + 吗?

자동차 있어요?

Ⓐ 你 有 汽车 吗?
Nǐ yǒu qìchē ma?

자동차 있어요?

Ⓑ 没 有。
Méi yǒu.

없어요.

Ⓐ 那 你 有 手机 吗?
Nà nǐ yǒu shǒujī ma?

그럼 핸드폰은 있나요?

Ⓑ 也 没 有。
Yě méi yǒu.

없습니다.

Ⓐ 你 是 不 是 外星人?
Nǐ shì bu shì wàixīngrén?

당신 외계인 아닌가요?

Ⓑ 手机费 太 贵 了。
Shǒujīfèi tài guì le.

핸드폰 요금이 너무 비싸요.

✛**NEW** | 새단어

有 yǒu 동사. 있다
汽车 qìchē 명사. 자동차
没有 méiyǒu 없다
手机 shǒujī 명사. 핸드폰
外星人 wàixīngrén 명사. 외계인

费 fèi 명사. 비용
手机费 shǒujīfèi 핸드폰 요금
贵 guì 형용사. 비싸다
太贵了 tài guì le 너무 비싸다

❖ **중국어의 기초를 다져주는 해설 한마디**

① "太 + 형용사 + 了"는 "매우, 너무 ~하다"라는 뜻을 나타낸다.

◉ **선택 의문문** (두 가지 상황을 제시한 후, 그 중 한 가지 상황을 선택하도록 하는 의문문)

（是） + 명사(동사) + **还是** + 명사(동사)?

（是） + **儿子** + **还是** + **女儿**?

아들입니까, 아니면 딸입니까?

Ⓐ **你 有 孩子 吗?**
Nǐ yǒu háizi ma?
아이 있어요?

Ⓑ **有。**
Yǒu
있습니다.

Ⓐ **你 有 几 个 孩子?**
Nǐ yǒu jǐ ge háizi?
몇 명 있어요?

Ⓑ **我 有 两 个 孩子。**
Wǒ yǒu liǎng ge háizi.
두 명 있습니다.

Ⓐ **儿子 还是 女儿?**
Érzi háishi nǚ'ér?
아들이어요, 딸이어요?

Ⓑ **一 个 儿子, 一 个 女儿。**
Yí ge érzi, yí ge nǚ'ér.
아들 하나, 딸 하나요.

Ⓐ **几 岁 了?**
Jǐ suì le?
몇 살 되었나요?

Ⓑ **老大 九 岁, 老二 八 岁。**
Lǎodà jiǔ suì, lǎo'èr bā suì.
맏이는 9살, 둘째는 8살입니다.

+new | 새단어

孩子 háizi 명사. 아이
几 jǐ 대사. 몇
个 gè 양사. 개, 명
几个 jǐ ge 몇 개, 몇 명

两 liǎng 수량사. 둘
儿子 érzi 명사. 아들
还是 háishi 접속사. 또는, 아니면
女儿 nǚ'ér 명사. 딸

老大 lǎodà 명사. 맏이
九岁 jiǔsuì 9살
老二 lǎo'èr 둘째
八岁 bāsuì 8살

❖ **중국어의 기초를 다져주는 해설 한마디**

"几 몇"은 10 이하의 수에 대해 질문을 할 경우에 사용하며, "多少 얼마"는 10 이상의 수에 대해 질문할 때 사용한다.

응용하기

◉ 중국어의 어순

시간사 + 주어 + (시간사) + 술어 + 목적어

今天晚上我有约会 = 我今天晚上有约会
저는 오늘 저녁에 약속이 있습니다.

A 今天 晚上 你 有 时间 吗?
Jīntiān wǎnshang nǐ yǒu shíjiān ma?

오늘 저녁에 시간 있어요?

B 今天 晚上 我 有 约会。
Jīntiān wǎnshang wǒ yǒu yuēhuì.

오늘 저녁에 약속이 있습니다.

A 那 明天 晚上 呢?
Nà míngtiān wǎnshang ne?

그럼 내일 저녁은요?

B 明天 晚上 我们 办公室 的 人 要 会餐。
Míngtiān wǎnshang wǒmen bàngōngshì de rén yào huìcān.

내일 저녁에는 사무실 직원들과 회식을 하는데요.

A 那 后天 晚上 呢?
Nà hòutiān wǎnshang ne?

그럼 모레 저녁은요?

B 你 有 什么 事儿?
Nǐ yǒu shénme shìr?

무슨 일 있어요?

A 我 想 给 你 介绍 一 个 女朋友。
Wǒ xiǎng gěi nǐ jièshào yí ge nǚpéngyou.

당신에게 여자 친구를 소개해 줄려고요.

B 真的? 太 好 了, 我 有的是 时间。
Zhēn de? Tài hǎo le, wǒ yǒudeshì shíjiān.

정말요? 잘 됐네요, 저 시간 많아요.

＋NEW | 새단어

晚上 wǎnshang 명사. 저녁
时间 shíjiān 명사. 시간
约会 yuēhuì 명사. 약속
办公室 bàngōngshì 명사. 사무실

会餐 huìcān 동사. 회식하다
事儿 shìr 명사. 일
想 xiǎng 조동사. ~하려고 하다
给 gěi 개사. ~에게

介绍 jièshào 동사. 소개하다
一个 yígè 한 명
女朋友 nǚpéngyou 명사. 여자 친구
有的是 yǒudeshì 많이 있다

❖ 중국어의 기초를 다져주는 해설 한마디

太好了 : ① 너무 좋아요. ② 잘 됐네요.

단어 익히기

◉ 주어진 단어로 빈칸을 채워보세요.

❶ 汽车 (qìchē 자동차)

_____(트럭), _____(기차), _____(자전거)

_____(화물차), _____(택시), _____(버스)

❷ 手机费 (shǒujīfèi 핸드폰 비용)

_____(수도세), _____(전기세), _____(학비)

_____(주차비), _____(집세)

❸ 约会 (yuēhuì 약속)

_____(만회), _____(연회), _____(모임),

_____(회의를 열다)

❹ 办公室 (bàngōngshì 사무실)

_____(교실), _____(열람실), _____(회의실)

❺ 失去 (shīqù 잃다)

_____(실패), _____(실업), _____(실례),

_____(실연), _____(잠을 이루지 못하다), _____(실망)

❻ 担心 (dānxīn 걱정하다)

_____(조심하다), _____(의심하다), _____(호의),

_____(안심하다), _____(세심하다 ↔ 세심하지 못하다),

_____(즐겁다)

＋보기

❶▶ A 自行车 B 卡车
  zìxíngchē kǎchē
C 火车 D 货车
  huǒchē huòchē
E 出租车
  chūzūchē
F 公共汽车
  gōnggòngqìchē

❷▶ A 电费 B 水费
  diànfèi shuǐfèi
C 房租费 D 停车费
  fángzūfèi tíngchēfèi
E 学费
  xuéfèi

❸▶ A 宴会 B 开会
  yànhuì kāihuì
C 聚会 D 晚会
  jùhuì wǎnhuì

❹▶ A 会议室 B 教室
  huìyìshì jiàoshì
C 阅览室
  yuèlǎnshì

❺▶ A 失败 B 失礼
  shībài shīlǐ
C 失恋 D 失眠
  shīliàn shīmián
E 失望 F 失业
  shīwàng shīyè

❻▶ A 放心 B 多心
  fàngxīn duōxīn
C 好心 D 小心
  hǎoxīn xiǎoxīn
E 开心
  kāixīn
F 细心 ↔ 粗心
  xìxīn cūxīn

你家有几口人?

당신의 집은 몇 식구입니까?

● 말하기

A 你 家 有 几 口 人?
Nǐ jiā yǒu jǐ kǒu rén?

당신의 집은 몇 식구입니까?

B 我 家 有 五 口 人。
Wǒ jiā yǒu wǔ kǒu rén.

우리 집은 다섯 식구입니다.

A 都 有 什么 人?
Dōu yǒu shénme rén?

누구 누구 있어요?

B 爸爸、妈妈、弟弟、妹妹 和 我。
Bàba, māma, dìdi, mèimei hé wǒ.

아빠, 엄마, 남동생, 여동생과 저예요.

A 我 家 也 有 五 口 人。
Wǒ jiā yě yǒu wǔ kǒu rén.

우리 집도 다섯 식구인걸요.

B 都 有 谁?
Dōu yǒu shuí?

누구 누구 있는 데요?

A 爷爷、奶奶、爸爸、妈妈 和 我。
Yéye, nǎinai, bàba, māma hé wǒ.

할아버지, 할머니, 아빠, 엄마 그리고 저예요.

B 你 有 没 有 兄弟 姐妹?
Nǐ yǒu méi yǒu xiōngdì jiěmèi?

형제·자매는 없어요?

A 没 有, 我 是 独生子。
Méi yǒu, wǒ shì dúshēngzǐ.

없어요, 저는 독자입니다.

+new | 새단어

口 kǒu 양사. 식구를 세는 양사
人 rén 명사. 사람
几口人 jǐ kǒu rén 몇 식구

和 hé 접속사. ~와
兄弟 xiōngdì 명사. 형제
姐妹 jiěmèi 명사. 자매

独生子 dúshēngzǐ 명사. 독자

❖ **중국어의 기초를 다져주는 해설 한마디**

 "口"는 식구를 셀 때 쓰는 양사이고, "个"는 사람을 셀 때 쓰는 양사이다. "位"도 사람을 셀 때 쓰는 양사인데, 주로 윗사람이나 손님에게 자주 사용한다. 예 一个人 한 사람, 两位 두 분, 三口人 세 식구

활용하기

● **정반 의문문** (술어의 긍정형과 부정형을 병렬하여 의문을 나타냄)

주어 + 有 + 没 + 有 + 名词?

你 + 有 + 没 + 有 + 时间?　　시간 있어요?

A　你 有 没 有 姐姐?
　　　Nǐ　yǒu　méi　yǒu　jiějie?
　　　누나 있어?

B　有 啊。
　　　Yǒu　a.
　　　있지.

A　漂亮 吗?
　　　Piàoliang　ma?
　　　예뻐?

B　当然 漂亮 啦。
　　　Dāngrán piàoliang　la.
　　　당연히 예쁘지.

A　那 给 我 介绍 一下, 行 不 行?
　　　Nà　gěi　wǒ　jièshào　yíxià,　xíng　bu　xíng?
　　　그럼 나한테 소개 좀 해주면 안 돼니?

B　不 行。
　　　Bù　xíng.
　　　안 돼.

A　为什么?
　　　Wèishénme?
　　　왜?

B　你 太 懒。
　　　Nǐ　tài　lǎn.
　　　넌 너무 게을러.

A　我 在 外边 懒, 在 家里 挺 勤快的。
　　　Wǒ zài wàibian lǎn, zài jiālǐ tǐng qínkuai de.
　　　나는 밖에서는 게으르지만, 집에서는 아주 부지런해.

B　我 不 相信。
　　　Wǒ　bù　xiāngxìn.
　　　난 못 믿겠어.

+new 새단어

漂亮 piàoliang 형용사. 예쁘다
一下 yíxià 동사 뒤에 쓰여 동작의 진행이 짧고,
　　　가벼움을 나타냄.
介绍一下 jièshào yíxià 소개 좀 하다
行 xíng 동사. 된다

懒 lǎn 형용사. 게으르다
挺 tǐng 부사. 매우, 아주 (挺+형용사+的)
勤快 qínkuai 형용사. 부지런하다
相信 xiāngxìn 동사. 믿다

그림을 통해 익히는 중국어

① 电视 diànshì TV

② 电脑 diànnǎo 컴퓨터

③ 打印机 dǎyìnjī 프린터

④ 传真 chuánzhēn 팩스

⑤ 冰箱 bīngxiāng 냉장고

⑥ 洗衣机 xǐyījī 세탁기

⑦ 空调 kōngtiáo 에어컨

⑧ 电风扇 diànfēngshàn 선풍기

⑨ 录音机 lùyīnjī 카세트

⑩ 照相机 zhàoxiàngjī 카메라

⑪ 游戏机 yóuxìjī 게임기

⑫ 跑步机 pǎobùjī 런닝머신

⑬ 垃圾桶 lājītǒng 쓰레기통

⑭ 烟灰缸 yānhuīgāng 재털이

⑮ 洗手间 xǐshǒujiān 화장실

⑯ 客厅 kètīng 거실

⑰ 卧室 wòshì 침실

⑱ 厨房 chúfáng 주방

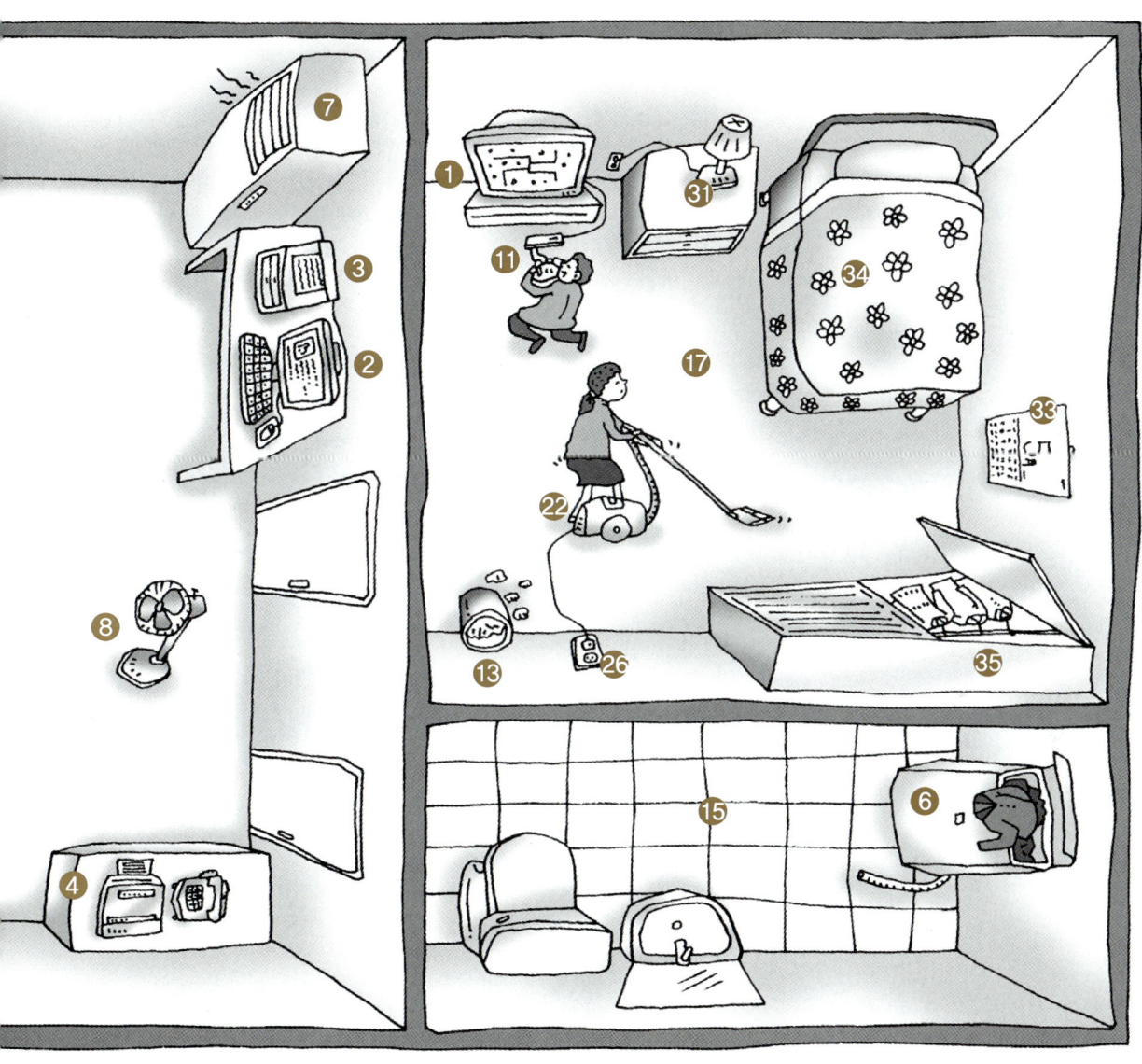

서술하기

老王 有 三 个 孩子, 两 个 儿子, 一 个 女儿。
LǎoWáng yǒu sān ge háizi, liǎng ge érzi, yí ge nǚ'ér.

老大 今年 23 岁, 是 大学(대학교) 三年级(3학년) 的 学生。
Lǎodà jīnnián èrshísān suì, shì dàxué sānniánjí de xuésheng.

老二 今年 18 岁, 是 高中(고등학교) 二年级(2학년) 的 学生。
Lǎo'èr jīnnián shíbā suì, shì gāozhōng èrniánjí de xuésheng.

老三 今年 11 岁, 是 初中(중학교) 一年级(1학년) 的 学生。
Lǎosān jīnnián shíyī suì, shì chūzhōng yīniánjí de xuésheng.

老李 有 两 个 孩子, 一 个 儿子, 一 个 女儿。
LǎoLǐ yǒu liǎng ge háizi, yí ge érzi, yí ge nǚ'ér.

老大 今年 32 岁, 已经(이미) 结婚(결혼하다) 了(~하였다),
Lǎodà jīnnián sānshí'èr suì, yǐjing jiéhūn le,

但是(그러나) 还 没 有 孩子。
dànshì hái méi yǒu háizi.

老二 今年 24 岁, 大学 刚(막) 毕业(졸업하다),
Lǎo'èr jīnnián èrshísì suì, dàxué gāng bìyè,

还 没 结婚, 不过(그러나) 有 女朋友。
hái méi jiéhūn, búguò yǒu nǚpéngyou.

➤오늘의 한 마디➤

❶

你 的 孩子 真 可爱!
Nǐ de háizi zhēn kě'ài!
아이가 참 귀엽네요!

❷

你 爱人 真 漂亮!
Nǐ àiren zhēn piàoliang!
부인이 정말 예쁘시네요!

谢谢!
Xièxie!
고맙습니다.

말하기 연습

1 다음 그림을 보고 말하기 연습을 해보세요.

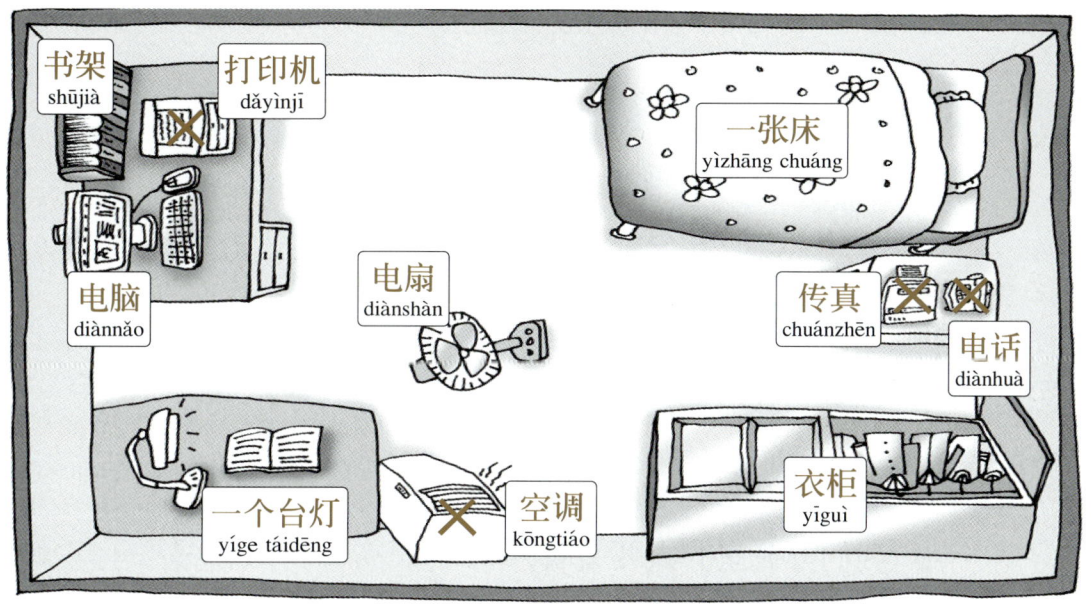

书架 shūjià
打印机 dǎyìnjī
一张床 yìzhāng chuáng
电脑 diànnǎo
电扇 diànshàn
传真 chuánzhēn
电话 diànhuà
一个台灯 yíge táidēng
空调 kōngtiáo
衣柜 yīguì

我的房间里有_____, _____, _____, ……

没有_____, _____, _____, …… 。

2 실제 상황에 맞게 말하기 연습을 해보세요.

❶ 다음 문형을 이용하여 자신의 식구를 소개해 보세요.

我家有……口人，爸爸……和我。
我爸爸是……，我妈妈是，……。

❷ 다음 문형을 이용하여 책상 위에 놓여 있는 물건을 가리키며 일문일답 회화 연습을 해보세요.

A：你在哪儿工作？
B：我在……工作。

＊보충 단어：医院 yīyuàn 병원 ｜ 幼儿园 yòu'éryuán 유치원 ｜ 小学 xiǎoxué 초등학교 ｜ 中学 zhōngxué 중학교
大学 dàxué 대학교 ｜ 税务局 shuìwùjú 세무서 ｜ 邮局 yóujú 우체국 ｜ 电业局 diànyèjú 전력공사
自来水公司 zìláishuǐ gōngsī 상수도 공사

마무리 연습 문제

✳ 올바른 문장을 골라 보세요.

① A 你有几个孩子?

B 你几个孩子有?

C 你有几个孩子吗?

② A 在你家里有几口人?

B 在你的家有几口人?

C 你家有几口人?

③ A 我们办公室人要会餐。

B 我们办公室的人要会餐。

C 我们办公室的人会餐要。

④ A 我想给你介绍一个女朋友。

B 我给介绍一个女朋友。

C 我想介绍一个女朋友。

⑤ A 今天晚上你时间有吗?

B 你今天晚上有时间吗?

C 你今天晚上时间有吗?

⑥ A 那给我介绍一下, 行不行?

B 哪给我介绍, 行不行?

C 给我绍介一下, 行不行?

08 明天我休息。

저는 내일 쉽니다.

● 기본 문법 및 문형

1 연, 월, 일, 요일의 표현법

시간 명사 + 연(월, 일, 요일)

今天 + 星期五。 오늘은 금요일입니다.

••• 주의 "今天星期五"의 부정은 "今天不是星期五"이고, 의문문은 "今天是星期五吗?"이다.

2 부사의 위치

주어 + 부사 + 술어 + 목적어

我 + 也 + 去 + 市场。 저도 시장에 갑니다.

••• 부사의 위치는 주어 뒤, 술어 앞이다.

3 반어문 (不是……吗?)

주어 + 不 + 是 …… 吗?

法定假日 + 不 + 是 + 六天 + 吗? 법정 휴일은 6일 아닙니까?

••• "不是……吗"는 "～이 아닙니까?"라는 뜻으로 긍정을 나타내고 있다.

4 "怎么样"의 용법

주어 + 怎么样?

效益 + 怎么样? (영업) 실적이 어떻습니까?

••• "怎么样?"는 "어때요?"라는 뜻으로 사람, 사물, 상황이 어떻냐고 물을 때 모두 사용할 수 있다.
⑩ 他怎么样? (그 사람 어때?) 天气怎么样? (날씨 어때?) 开车去怎么样? (운전해서 가는 게 어때?)

기초 세우기

● 연, 월, 일, 요일의 표현법

> 시간 명사 + 연(월, 일, 요일)

今天 + 星期五。
오늘은 금요일입니다.

주의 이 문장의 부정형은 "今天不是星期五"이고, 의문형은 "今天是星期五吗?"이다.

Ⓐ 今天 星期 几?
Jīntiān xīngqī jǐ?

오늘은 무슨 요일입니까?

Ⓑ 今天 星期 五。
Jīntiān xīngqī wǔ.

오늘은 금요일입니다.

Ⓐ 明天 星期 几?
Míngtiān xīngqī jǐ?

내일은 무슨 요일입니까?

Ⓑ 明天 星期 六。
Míngtiān xīngqī liù.

내일은 토요일입니다.

Ⓐ 太 好 了, 明天 我 休息。
Tài hǎo le, míngtiān wǒ xiūxi.

잘됐네요, 저는 내일 쉽니다.

Ⓑ 好 羡慕 你 啊!
Hǎo xiànmù nǐ a!

당신이 정말 부럽네요!

明天 我 还 得 加班 呢。
Míngtiān wǒ hái děi jiābān ne.

저는 내일 초과 근무를 해야 합니다.

+NEW 새단어

星期 xīngqī 명사. 요일
星期几 xīngqī jǐ 무슨 요일
休息 xiūxi 동사. 쉬다
好 hǎo 부사. 정말
羡慕 xiànmù 동사. 부럽다

还 hái 부사. 또
得 děi 조동사. ~해야 한다
加班 jiābān 동사. 초과 근무하다
呢 ne 조사. 문말에 쓰여 사실을 확인하는 어기를 나타냄

Ⓐ 你 的 生日 是 几 月 几 号?
Nǐ de shēngrì shì jǐ yuè jǐ hào?

당신의 생일은 몇 월 며칠이어요?

Ⓑ 我 的 生日 是 三 月 五 号。
Wǒ de shēngrì shì sān yuè wǔ hào.

제 생일은 3월 5일입니다.

Ⓐ 阴历 还是 阳历?
Yīnlì háishi yánglì?

음력이세요, 아니면 양력이세요?

Ⓑ 阴历。
Yīnlì.

음력입니디.

Ⓐ 今天 几 月 几 号?
Jīntiān jǐ yuè jǐ hào?

오늘은 몇 월 며칠이죠?

Ⓑ 今天 二 月 八 号。
Jīntiān èr yuè bā hào.

오늘은 2월 8일입니다.

Ⓐ 阴历 几 月 几 号?
Yīnlì jǐ yuè jǐ hào?

음력으로 몇 월 며칠이죠?

Ⓑ 不 清楚。
Bù qīngchu.

잘 모르겠습니다.

+ new | 새단어

生日 shēngrì 명사. 생일
月 yuè 명사. 월
几月 jǐ yuè 몇 월
号 hào 명사. 일
几号 jǐ hào 며칠
还是 háishi 접속사. 아니면
阴历 yīnlì 명사. 음력
阳历 yánglì 명사. 양력
清楚 qīngchu 동사. 알다

응용하기

A 你 什么 时候 去 中国?
Nǐ shénme shíhou qù Zhōngguó?

언제 중국에 갑니까?

B 下 星期一。
Xià xīngqīyī.

다음 주 월요일요.

A 大概 在 中国 呆 几 天?
Dàgài zài Zhōngguó dāi jǐ tiān?

대략 중국에서 며칠 머무르실 겁니까?

B 5~6 天。
Wǔ liù tiān.

5~6일요.

A 什么 时候 回来?
Shénme shíhou huílai?

언제쯤 돌아오세요?

B 八 月 八 号。
Bā yuè bā hào.

8월 8일요.

A 八 月 八 号 星期 几?
Bā yuè bā hào xīngqī jǐ?

8월 8일이 무슨 요일이죠?

B 好像 是 星期六。
Hǎoxiàng shì xīngqīliù.

토요일인 것 같아요.

你 能 不 能 来 接 我?
Nǐ néng bu néng lái jiē wǒ?

저를 마중하러 나오실 수 있나요?

A 好像 不 行。
Hǎoxiàng bù xíng.

아마 안 될 것 같아요.

B 为什么?
Wèishénme?

왜요?

A 那天 我 上班。
Nàtiān wǒ shàngbān.

그날 저는 근무합니다.

+new | 새단어

什么时候 shénme shíhou 언제
下 xià 명사. 다음
下星期 xiàxīngqi 다음 주
大概 dàgài 부사. 대략
呆 dāi 동사. 머무르다

几天 jǐ tiān 며칠
回来 huílai 동사. 돌아오다
好像 hǎoxiàng 부사. ~인 것 같다, 아마
能 néng 조동사. 할 수 있다
接 jiē 동사. 마중하다

接我 jiē wǒ 나를 마중하다
那天 nà tiān 그 날
上班 shàngbān
　　동사. 근무하다, 출근하다

중국어왕왕초보첫걸음

연·월·일과 각종 번호의 표현법

① **연도와 여러 번호의 표현법 : 한 자리씩 읽는다.**

(1) 연도 : 2006年 2月 8日 (èr líng líng liù nián èr yuè bā rì)

(2) 전화 번호 : 02-833-3652 (líng èr bā sān sān sān liù wǔ èr)

(3) 방 번호 : 301号 (sān líng yāo hào)

(4) 차량 번호 : 首尔 47 5931 (Shǒu'ěr sì qī wǔ jiǔ sān yāo)

(5) 버스 노선 번호 : 381 路 (sān bǎi bā shí yī lù)

> **주의** 전화 번호, 방 번호, 차량 번호의 "1"은 "yāo"라고 읽고, 버스 노선 번호는 한 자리씩 읽는 게 아니라 숫자 그대로 읽는다.

② **요일의 표현법**

星期一	星期二	星期三	星期四	星期五	星期六	星期天(日)
xīngqīyī	xīngqī'èr	xīngqīsān	xīngqīsì	xīngqīwǔ	xīngqīliù	xīngqītiān(rì)
월요일	화요일	수요일	목요일	금요일	토요일	일요일

前天 그제 qiántiān	昨天 어제 zuótiān	今天 오늘 jīntiān	明天 내일 míngtiān	后天 모레 hòutiān
前年 재작년 qiánnián	去年 작년 qùnián	今年 올해 jīnnián	明年 내년 míngnián	后年 후년 hòunián
上个月 지난달 shàng ge yuè		这个月 이번달 zhè ge yuè		下个月 다음달 xià ge yuè
上(个)星期 지난주 shàng (ge) xīngqī		这(个)星期 이번주 zhè (ge) xīngqī		下(个)星期 다음주 xià (ge) xīngqī

> **주의** 一年, 两年…(1년, 2년…) 一个月, 两个月…(한 달, 두 달…) 一天, 两天…(하루, 이틀…) 一个星期…(일주일)
> 一月(1월), 二月(2월), 三月(3월), 四月(4월), 五月(5월), 六月(6월), 七月(7월), 八月(8월), 九月(9월), 十月(10월), 十一月(11월), 十二月(12월)

你去哪儿?

어디 가세요?

● 말하기

◎ 부사의 위치

주어 + 부사 + 술어 + 목적어

我 + 也 + 去 + 市场。　　저도 시장에 갑니다.

A 你 去 哪儿?
Nǐ qù nǎr?
어디 가세요?

B 我 去 市场。
Wǒ qù shìchǎng.
시장에 갑니다.

A 我 也 去 市场。
Wǒ yě qù shìchǎng.
저도 시장에 가는 데요.

B 那 我们 一起 去 吧。
Nà wǒmen yìqǐ qù ba.
그럼 같이 가요.

A 好 啊! 你 想 去 哪 个 市场?
Hǎo a! Nǐ xiǎng qù nǎ ge shìchǎng?
좋아요. 어느 시장으로 가려고요?

B 我 想 去 东单 的 自由 市场。
Wǒ xiǎng qù Dōngdān de zìyóu shìchǎng.
뚱딴의 재래시장에 가려고요.

A 那儿 的 东西 又 贵 又 不 好。
Nàr de dōngxi yòu guì yòu bù hǎo.
그 곳의 물건은 비싸고 안 좋아요.

B 是 吗? 那 我们 去 哪儿?
Shì ma? Nà wǒmen qù nǎr.
그래요? 그럼 우리 어디로 갈까요?

A 我们 去 西单 吧。
Wǒmen qù Xīdān ba.
우리 씨딴으로 갑시다.

B 好 吧, 听 你 的。
Hǎo ba, tīng nǐ de.
좋아요, 당신 말을 들을 게요.

+NEW 새단어

市场 shìchǎng 명사. 시장
一起 yìqǐ 부사. 함께
去 qù 동사. 가다
吧 ba ~합시다
东单 Dōngdān 명사. 뚱딴(지명)

自由 zìyóu 형용사. 자유롭다
自由市场 zìyóu shìchǎng
　　　　　재래 시장
东西 dōngxi 명사. 물건
又…又… yòu…yòu… ~하면서 ~

贵 guì 형용사. 비싸다
西单 Xīdān 명사. 씨딴(지명)
听 tīng 동사. 듣다
听你的 tīng nǐ de
　　　당신 말대로 하다

단어 익히기

주어진 단어로 빈칸을 채워보세요.

❶ 加班 (jiābān 특근하다)

_____(야간 근무), _____(중국어반), _____(주간 근무)

❷ 星期 (xīngqī 요일)

_____(다음 주), _____(이번 주), _____(지난 주)

❸ 月 (yuè 월)

_____(이번 달), _____(다음 달), _____(지난 달)

❹ 日 (rì 일)

_____(명절), _____(휴일), _____(생일)

❺ 自由 (zìyóu 자유)

_____(자동), _____(자기), _____(자원하다),

_____(자습), _____(자애), _____(자신하다),

_____(자립), _____(자만), _____(자비),

_____(자존심), _____(자연), _____(독학하다)

❻ 效益 (xiàoyì 영업 실적)

_____(효율), _____(효능), _____(효과)

+ 보기

❶ ▶▶ A 夜班　　B 白班
　　　　yèbān　　báibān
　　　C 汉语班
　　　　Hànyǔbān

❷ ▶▶ A 上星期　B 下星期
　　　　shàngxīngqī　xiàxīngqī
　　　C 这星期
　　　　zhèxīngqī

❸ ▶▶ A 上个月　B 这个月
　　　　shànggeyuè　zhègeyuè
　　　C 下个月
　　　　xiàgeyuè

❹ ▶▶ A 生日　　B 假日
　　　　shēngrì　　jiàrì
　　　C 节日
　　　　jiérì

❺ ▶▶ A 自爱　　B 自信
　　　　zì'ài　　zìxìn
　　　C 自然　　D 自动
　　　　zìrán　　zìdòng
　　　E 自费　　F 自己
　　　　zìfèi　　zìjǐ
　　　G 自立　　H 自满
　　　　zìlì　　zìmǎn
　　　I 自习　　J 自学
　　　　zìxí　　zìxué
　　　K 自愿　　L 自尊心
　　　　zìyuàn　　zìzūnxīn

❻ ▶▶ A 效果　　B 效率
　　　　xiàoguǒ　xiàolǜ
　　　C 效能
　　　　xiàonéng

활용하기

● 반어문

<table>
<tr><td>주어 + 不 + 是 …… 吗?</td><td>주어 + 怎么样?</td></tr>
<tr><td>法定假日 + 不 + 是 + 六天 + 吗?
법정 휴일은 6일 아닙니까?</td><td>效益 + 怎么样?
영업 실적이 어떻습니까?</td></tr>
</table>

A 你们 公司 春节 休息 几 天?
Nǐmen gōngsī chūnjié xiūxi jǐ tiān?

당신의 회사는 음력설에 며칠 쉬나요?

B 6 天。
Liù tiān.

6일요.

A 我们 公司 休息 10 天。
Wǒmen gōngsī xiūxi shí tiān.

우리 회사는 10일 쉽니다.

B 法定 假日 不 是 6 天 吗?
Fǎdìng jiàrì bú shì liù tiān ma?

법정 휴일은 6일 아닙니까?

A 对 啊, 春节 前后 的 两 个 周末 都 不 休息。
Duì a, chūnjié qiánhòu de liǎng ge zhōumò dōu bù xiūxi.
맞아요, 대신 음력 설 전·후 두 주의 주말에는 안 쉽니다.

B 原来 是 这样。
Yuánlái shì zhèyàng.

그렇군요.

A 今年 你们 公司 效益 怎么样?
Jīnnián nǐmen gōngsī xiàoyì zěnmeyàng?

올해 당신 회사의 영업 실적은 어떻습니까?

B 效益 非常 好。
Xiàoyì fēicháng hǎo.

영업 실적이 아주 좋습니다.

A 那 奖 金 一定 不少 吧?
Nà jiǎngjīn yídìng bùshǎo ba?

그럼 보너스도 많겠네요?

B 还可以 吧。
Háikěyǐ ba.

그런대로 괜찮아요.

+ new | 새단어

春节 chūnjié 명사. 음력설
法定 fǎdìng 법정
假日 jiàrì 명사. 휴일
前后 qiánhòu 명사. 전후
两 liǎng 수량사. 둘

周末 zhōumò 명사. 주말
原来 yuánlái 부사. 알고보니, 원래
这样 zhèyàng 대사. 이렇다
效益 xiàoyì 명사. 영업 실적
非常 fēicháng 부사. 매우

奖金 jiǎngjīn 명사. 보너스
一定 yídìng 부사. 반드시
不少 bùshǎo 적지 않다
还可以 háikěyǐ (그런대로) 괜찮다

그림을 통해 익히는 중국어

▸	1月 1日	元旦 (yuándàn)	양력설
▸	2月 14日	情人节 (qíngrénjié)	발렌타인데이
▸	4月 5日	清明节 (qīngmíngjié)	청명
▸	5月 1日	劳动节 (láodòngjié)	근로자의 날
▸	6月 1日	儿童节 (értóngjié)	어린이 날
▸	9月 10日	教师节 (jiàoshījié)	스승의 날
▸	10月 1日	国庆节 (guóqìngjié)	국경절
▸	12月 25日	圣诞节 (shèngdànjié)	크리스마스

음력으로 지내는 중국의 전통 명절과 음식

날 짜	명 절	먹는 음식	
1月 1日 10일 정도 쉼	春节 chūnjié 음력설	饺子 (jiǎozi 만두)	
1月 15日 쉬지 않음	元宵节 yuánxiāojié 정월 대보름날	元宵 (yuánxiāo 위앤샤오) 찹쌀가루로 만들어진 소가 들어 있는 새알심 모양의 식품.	
5月 5日 쉬지 않음	端午节 duānwǔjié 단오절	粽子 (zòngzi 쭝즈) 찹쌀에 대추 따위를 넣어 댓잎에 싸서 쪄 먹 는 단오날 음식. 원래는 초(楚)나라의 굴원(屈 原)이 강에 투신하여 죽은 것을 애도하여, 이 음식을 강에 던져 물고기가 굴원의 시신을 해 치지 말도록 한 데서 유래함.	
8月 15日 쉬지 않음	中秋节 zhōngqiūjié 중추절	月饼 (yuèbǐng 월병) 밀가루로 만들어진 소가 들어 있는 둥근 모양 의 과자.	

마무리 연습 문제

✳ 올바른 문장을 골라 보세요.

① A 明天什么星期?
   B 明天是什么星期?
   C 明天星期几?

② A 明天还得我加班。
   B 明天我加班还。
   C 明天我还得加班呢。

③ A 你的生日是几月几号?
   B 你生日是几月几号?
   C 你的生日是几月几号吗?

④ A 大概在中国几天呆?
   B 大概在中国呆几天吗?
   C 大概在中国呆几天?

⑤ A 你能不能来接我?
   B 你能不能来接我吗?
   C 你能不来接我?

⑥ A 你去哪儿的自由市场?
   B 你去哪个自由市场?
   C 你去什么的自由市场?

⑦ A 那儿的东西又贵又不好。
   B 那儿的东西也贵也不好。
   C 那儿的东西贵又不好。

⑧ A 那奖金一定不少吧?
   B 那奖金一定不少吗?
   C 哪奖金一定不少吧?

⑨ A 春节前后的两个周末都不休息。
   B 春节前后的两个周末不都休息。
   C 春节前后两个周末不都休息。

⑩ A 今年你们的公司的效益怎么样?
   B 今年你们公司效益怎么样?
   C 你们公司今年的效益怎么样?

我喜欢旅行。

저는 여행을 좋아합니다.

● **기본 문법 및 문형**

1 **긍정형 – 喜欢** (좋아하다)

주어 + **喜欢** + 동사(명사)
我 + **喜欢** + **喝酒**。　　　나는 술 마시는 것을 좋아한다.

• • • "喜欢" 뒤에는 동사 또는 명사가 모두 올 수 있다.

2 **부정형 – 不喜欢** (좋아하지 않다)

주어 + **不** + **喜欢** + 동사(명사)
我 + **不** + **喜欢** + **他**。　　　나는 그를 좋아하지 않는다.

• • • "喜欢"의 부정은 "不喜欢"이다.

3

对 + **名词** + **感兴趣**
对 + **历史** + **感兴趣**。　　　역사에 흥미가 있다.

• • • 부정은 "对 + 名词 + 不 + 感兴趣"이다.

기초 세우기

◉ 긍정형

주어 + **喜欢** + 동사(명사)

我 + **喜欢** + **喝酒**。

나는 술 마시는 것을 좋아한다.

◉ 부정형

주어 + **不** + **喜欢** + 동사(명사)

我 + **不** + **喜欢** + **他**。

나는 그를 좋아하지 않는다.

A 你 喜欢 什么?
　　Nǐ　xǐhuan　shénme?

당신은 무엇을 좋아합니까?

B 我 喜欢 喝酒。
　　Wǒ　xǐhuan　hējiǔ.

저는 술 마시는 것을 좋아합니다.

A 还 喜欢 什么?
　　Hái　xǐhuan　shénme?

또 무엇을 좋아합니까?

B 还 喜欢 唱歌。
　　Hái　xǐhuan　chànggē.

노래 부르는 것도 좋아합니다.

A 你 喜 不 喜欢 运动?
　　Nǐ　xǐ　bu　xǐhuan　yùndòng?

운동 좋아하세요?

B 不 太 喜欢。
　　Bú　tài　xǐhuan.

별로 좋아하지 않습니다.

+ new | 새단어

喜欢 xǐhuan 동사. 좋아하다
喝 hē 동사. 마시다
酒 jiǔ 명사. 술
唱歌 chànggē 동사. 노래를 부르다

还 hái 부사. 또
运动 yùndòng 명사. 운동
不太 bútài 그다지 ~하지 않다

Ⓐ 你 喜欢 现在 的 工作 吗?
Nǐ xǐhuan xiànzài de gōngzuò ma?

당신은 지금 하고 있는 일을 좋아합니까?

Ⓑ 马马虎虎 吧。
Mǎmahūhū ba.

그냥 그래요.

Ⓐ 看样子 不 是 很 满意。
Kànyàngzi bú shì hěn mǎnyì.

보아하니, 그렇게 만족해 하는 것은 아닌 것 같네요.

Ⓑ 是的。
Shìde.

네.

Ⓐ 为什么?
Wèishénme?

왜요?

Ⓑ 每天 坐 在 办公室 里 很 无聊。
Měitiān zuò zài bàngōngshì lǐ hěn wúliáo.

매일 사무실에 앉아 있으니 너무 무료합니다.

Ⓐ 那 你 喜欢 什么样 的 工作?
Nà nǐ xǐhuan shénmeyàng de gōngzuò?

그럼 당신은 어떤 일을 좋아합니까?

Ⓑ 我 喜欢 做 销售 工作。
Wǒ xǐhuan zuò xiāoshòu gōngzuò.

저는 영업직을 좋아합니다.

✛NEW | 새단어

现在 xiànzài 명사. 현재
马马虎虎 mǎmahūhū 형용사. 그저 그렇다
看样子 kànyàngzi 보아하니
满意 mǎnyì 형용사. 만족스럽다
每天 měitiān 명사. 매일
坐 zuò 동사. 앉다

坐在 zuòzài …에 앉다
无聊 wúliáo 형용사. 무료하다
什么样 shénmeyàng 어떤
销售 xiāoshòu 동사. 판매하다
销售工作 xiāoshòu gōngzuò 영업직

❖ 중국어의 기초를 다져주는 해설 한마디

[비슷한 단어 비교 분석]

① "怎么 + 동사": 怎么吃? 어떻게 먹어요?

② "주어+怎么样": 北京怎么样? 북경 어때요?

③ "什么样 +的+명사": 什么样的工作(人, 衣服) 어떤 일(사람, 옷)

④ "怎么了?": 你怎么了? 당신 왜 그래요?

응용하기

◉ 喜欢 + 不 + 喜欢? = 喜 + 不 + 喜欢?
좋아해, 안 좋아해?

 你 有 什么 爱好?
Nǐ yǒu shénme àihào?

당신은 어떤 취미가 있습니까?

 我 没有 什么 特别 的 爱好, 只是 喜欢 钓鱼。
Wǒ méiyǒu shénme tèbié de àihào, zhǐshì xǐhuan diàoyú.
특별한 취미는 없고요, 단지 낚시를 좋아합니다.

 你 喜 不 喜欢 看 电影?
Nǐ xǐ bu xǐhuan kàn diànyǐng?

영화 보는 것을 좋아합니까?

 喜欢, 不过 没有 时间。
Xǐhuan, búguò méiyǒu shíjiān.

좋아하는데요, 시간이 없어요.

 周末 你 一般 干 什么?
Zhōumò nǐ yìbān gàn shénme?

주말에 보통 뭐하세요?

 在 家里 睡觉, 或者 看 电视。
Zài jiālǐ shuìjiào, huòzhě kàn diànshì.

집에서 잠자거나 TV를 봅니다.

 你 的 生活 太 单调 了。
Nǐ de shēnghuó tài dāndiào le.

당신의 생활은 너무 단조롭군요.

 我 也 想 改变 一下 我 的 生活, 可是 难 啊!
Wǒ yě xiǎng gǎibiàn yíxià wǒ de shēnghuó, kěshì nán a!
저도 생활을 좀 바꾸고 싶어요. 그런데 어렵네요!

+ NEW | 새단어

爱好 àihào 명사. 동사. 취미, 애호하다
特别 tèbié 형용사. 특별하다
只是 zhǐshì 부사. 단지
钓鱼 diàoyú 명사. 동사. 낚시(하다)
看 kàn 동사. 보다
电影 diànyǐng 명사. 영화
不过 búguò 접속사. 그런데
睡觉 shuìjiào 동사. 잠자다
一般 yìbān 형용사. 일반적이다

或者 huòzhě 접속사. 아니면
干 gàn 동사. 하다(회화에서 많이 쓰임)
电视 diànshì 명사. TV
生活 shēnghuó 명사. 생활
单调 dāndiào 형용사. 단조롭다
改变 gǎibiàn 동사. 바꾸다
想改变一下 xiǎng gǎibiàn yíxià 좀 바꾸고 싶다
可是 kěshì 접속사. 그러나

단어 익히기

◉ 주어진 단어로 빈칸을 채워보세요.

❶ 酒 (jiǔ 술)

_____(맥주), _____(포도주), _____(배갈)

❷ 电影 (diànyǐng 영화)

_____(전화), _____(전차), _____(TV)

❸ 末 (mò 말)

_____(월말), _____(주말), _____(연말)

❹ 生活 (shēnghuó 생활)

_____(생일), _____(생동하다), _____(생리),

_____(생명), _____(생모), _____(생산)

❺ 理解 (lǐjiě 이해하다)

_____(이론), _____(이상), _____(이성),

_____(이발하다), _____(이과)

❻ 经营 (jīngyíng 경영)

_____(경과하다), _____(경제), _____(경험),

_____(경력), _____(사장)

➕ 보기

❶ ▸▸ A 白酒   B 啤酒
        báijiǔ   píjiǔ
     C 葡萄酒
        pútaojiǔ

❷ ▸▸ A 电视   B 电话
        diànshì   diànhuà
     C 电车
        diànchē

❸ ▸▸ A 周末   B 月末
        zhōumò   yuèmò
     C 年末
        niánmò

❹ ▸▸ A 生产   B 生日
        shēngchǎn   shēngrì
     C 生动   D 生理
        shēngdòng   shēnglǐ
     E 生命   F 生母
        shēngmìng   shēngmǔ

❺ ▸▸ A 理发   B 理科
        lǐfà   lǐkē
     C 理论   D 理想
        lǐlùn   lǐxiǎng
     E 理性
        lǐxìng

❻ ▸▸ A 经济   B 经过
        jīngjì   jīngguò
     C 经历   D 经理
        jīnglì   jīnglǐ
     E 经验
        jīngyàn

你的专业是什么?
당신의 전공은 무엇입니까?

● 말하기

● 긍정형

对 + 名词 + 感兴趣
对 + 历史 + 感兴趣。
역사에 흥미가 있다.

● 부정형

对 + 名词 + 不 + 感兴趣
对 + 历史 + 不 + 感兴趣。
역사에 흥미가 없다.

Ⓐ 你 的 专业 是 什么?
Nǐ de zhuānyè shì shénme?
당신의 전공은 무엇입니까?

Ⓑ 我 的 专业 是 中国 历史。
Wǒ de zhuānyè shì Zhōngguó lìshǐ.
제 전공은 중국 역사입니다.

Ⓐ 你 对 历史 感兴趣 吗?
Nǐ duì lìshǐ gǎnxìngqù ma?
역사에 흥미가 있습니까?

Ⓑ 一点儿 也 不 感兴趣。
Yìdiǎnr yě bù gǎnxìngqù.
조금도 흥미가 없습니다.

Ⓐ 那 你 现在 的 工作 跟 历史 有关系 吗?
Nà nǐ xiànzài de gōngzuò gēn lìshǐ yǒuguānxi ma?
그럼 지금 하고 있는 일은 역사와 관련이 있나요?

Ⓑ 没有 关系。
Méiyǒu guānxi.
관련 없어요.

Ⓐ 我 的 专业 是 经营 管理, 我 觉得 特别 有用。
Wǒ de zhuānyè shì jīngyíng guǎnlǐ, wǒ juéde tèbié yǒuyòng.
제 전공은 경영관리인데요, 저는 아주 유용하다고 생각합니다.

Ⓑ 那 多 好 啊!
Nà duō hǎo a!
그럼 얼마나 좋겠어요!

+ NEW! 새단어

专业 zhuānyè 명사. 전공
历史 lìshǐ 명사. 역사
对…感兴趣 duì…gǎnxìngqù ~에 흥미가 있다
一点儿也不 yìdiǎnr yě bù 조금도 ~하지 않다
跟…有关系 gēn…yǒuguānxi ~와 연관 있다

经营管理 jīngyíng guǎnlǐ 명사. 경영관리
觉得 juéde 동사. ~라고 생각하다
特别 tèbié 부사. 특히, 아주
有用 yǒuyòng 유용하다
多 + 형용사 + 啊! duō … a! 감탄을 나타냄.

그림을 통해 익히는 중국어

网球
wǎngqiú
테니스

乒乓球
pīngpāngqiú
탁구

羽毛球
yǔmáoqiú
배드민턴

足球
zúqiú
축구

棒球
bàngqiú
야구

高尔夫球
gāo'ěrfūqiú
골프

台球
táiqiú
당구

滑雪
huáxuě
스키

柔道
róudào
유도

활용하기

A 你 觉得 小王 怎么样?
Nǐ juéde XiǎoWáng zěnmeyàng?

샤오왕에 대해 어떻게 생각합니까?

B 个子 太 矮 了。
Gèzi tài ǎi le.

키가 너무 작아요.

A 不过 很 有 能力 啊!
Búguò hěn yǒu nénglì a!

그런데 능력이 있잖아요!

B 性格 也 不 太 好。
Xìnggé yě bú tài hǎo.

성격도 별로 좋은 것 같지 않아요.

A 那 你 喜欢 什么样 的 人?
Nà nǐ xǐhuan shénmeyàng de rén?

그럼 어떤 사람을 좋아해요?

B 我 喜欢 又 有 能力 又 善良 的 人。
Wǒ xǐhuan yòu yǒu nénglì yòu shànliáng de rén.

능력있고 착한 사람을 좋아합니다.

A 家庭 条件 呢?
Jiātíng tiáojiàn ne?

가정 조건은요?

B 家庭 条件 无所谓。
Jiātíng tiáojiàn wúsuǒwèi.

가정 조건은 상관 없습니다.

A 你 不 看 长相 吗?
Nǐ bú kàn zhǎngxiàng ma?

외모는 보지 않습니까?

B 我 不 看 长相。
Wǒ bú kàn zhǎngxiàng.

외모는 보지 않습니다.

A 看样子 你 是 一 个 很 现实 的 人。
Kànyàngzi nǐ shì yí ge hěn xiànshí de rén.

당신은 현실적인 사람이군요.

B 是的。
Shì de.

네.

+NEW | 새단어

个子 gèzi 명사. 키
矮 ǎi 형용사. 작다
有能力 yǒunénglì 능력이 있다
性格 xìnggé 명사. 성격
善良 shànliáng 형용사. 선량하다
家庭 jiātíng 명사. 가정

条件 tiáojiàn 형용사. 여건
无所谓 wúsuǒwèi 상관 없다
长相 zhǎngxiàng 명사. 용모
现实 xiànshí 형용사. 현실적이다

我 喜欢 打 网球, 也 喜欢 打 乒乓球, 还 喜欢 踢(차다) 足球。
Wǒ xǐhuan dǎ wǎngqiú, yě xǐhuan dǎ pīngpāngqiú, hái xǐhuan tī zúqiú.

可是 我 不 喜欢 打 棒球, 也 不 喜欢 游泳。
Kěshì wǒ bù xǐhuan dǎ bàngqiú, yě bù xǐhuan yóuyǒng.

我 爱人 喜欢 看 电影、唱歌、跳舞(춤추다) 和 逛(한가롭게 거닐다) 商店,
Wǒ àiren xǐhuan kàn diànyǐng、chànggē、tiàowǔ hé guàng shāngdiàn,

她 一点儿 也 不 喜欢 运动。
tā yìdiǎnr yě bù xǐhuan yùndòng.

➤오늘의 한 마디➤

①

我 爱 你。
Wǒ ài nǐ.
사랑해.

我 也 爱 你。
Wǒ yě ài nǐ.
나도 자기 사랑해.

②

好吃 吗?
Hǎochī ma?
맛있어?

很 好吃。
Hěn hǎochī.
아주 맛있어.

마무리 연습 문제

✳ 올바른 문장을 골라 보세요.

①　A　你喜欢现在的工作？
　　B　你喜欢现在工作吗？
　　C　你喜欢现在的工作吗？

②　A　每天在办公室里坐很无聊。
　　B　每天坐在办公室里很无聊。
　　C　每天在办公室坐很无聊。

③　A　看样子不是很喜欢。
　　B　看样子很喜欢不是。
　　C　样子是很不喜欢。

④　A　在家里睡觉，还是看电视。
　　B　在家里睡觉，不是看电视。
　　C　在家里睡觉，或者看电视。

⑤　A　那你喜欢什么样的工作吗？
　　B　那你喜欢什么样工作？
　　C　那你喜欢什么样的工作？

⑥　A　你对历史感兴趣？
　　B　对历史你感兴趣吗？
　　C　你对历史感兴趣吗？

⑦　A　看样子你是一个很现实的人。
　　B　看样子你是一个很现实人。
　　C　看样子你是很现实的一个人。

⑧　A　我喜欢也有能力也善良的人。
　　B　我喜欢有能力也善良的人。
　　C　我喜欢又有能力又善良的人。

⑨　A　你现在的工作跟历史是什么关系？
　　B　你现在的工作跟历史有关系吗？
　　C　你现在的工作跟历史没有关系？

⑩　A　我有特别的爱好，只是喜欢钓鱼。
　　B　我没有什么特别的爱好，只是喜欢钓鱼。
　　C　我不有什么特别的爱好，只是喜欢钓鱼。

10 你现在在哪儿?

지금 어디에 계세요?

● **기본 문법 및 문형**

1 **긍정형**

주어 + 在 + 장소 ··· 여기서 "在"는 동사이고, "있다"라는 뜻을 나타냄

我 + 在 + 王府井。   저는 왕푸징에 있습니다.

2 **부정형**

주어 + 不 + 在 + 장소 ··· "在"의 부정형은 "不在"이다.

我 + 不 + 在 + 王府井。   저는 왕푸징에 있지 않습니다.

3 **반어문**

为什么不……?
为什么不去外边吃?   왜 밖에서 식사하지 않습니까?

4

주어 + 陪 + 人 + 동사 + 목적어

你 + 陪 + 我 + 去 + 上海书城。
나를 동반하여 상해 서점에 가주다.

5

有点儿 + 형용사 ··· "有点儿"는 "좀"이라는 뜻으로 약간의 불만을 나타냄.

有点儿 + 远。   좀 멀다.

기초 세우기

● **긍정형**

주어 + 在 + 장소

我 + 在 + 王府井。
저는 왕푸징에 있습니다.

● **부정형**

주어 + 不 + 在 + 장소

我 + 不 + 在 + 王府井。
저는 왕푸징에 있지 않습니다.

A 你 现在 在 哪儿?
Nǐ xiànzài zài nǎr?

지금 어디세요?

B 我 在 王府井。
Wǒ zài Wángfǔjǐng.

왕푸징에 있어요.

A 大概 什么 时候 能 到?
Dàgài shénme shíhou néng dào?

대략 언제 쯤 도착합니까?

B 二十 分钟 以后 吧。
Èrshí fēnzhōng yǐhòu ba.

20분 이후요.

A 我 在 韩国 大使馆 门口 等 你。
Wǒ zài Hánguó dàshǐguǎn ménkǒu děng nǐ.

제가 한국 대사관 입구에서 기다릴게요.

B 好的。
Hǎo de.

네.

+NEW 새단어

在 zài 동사. ~에 있다
王府井 Wángfǔjǐng 왕푸징(지명)
什么时候 shénme shíhou 언제
到 dào 동사. 도착하다
分钟 fēnzhōng 양사. (시간의) 분
以后 yǐhòu 명사. 이후
大使馆 dàshǐguǎn 명사. 대사관

门口 ménkǒu 명사. 입구
等 děng 동사. 기다리다
等你 děng nǐ 당신을 기다리다

주어 + 陪 + 人 + 동사 + 목적어

你 + 陪 + 我 + 去 + 上海书城。

나를 동반하여 상해 서점에 가줘.

Ⓐ 小王，你 在 哪儿 啊?
XiǎoWáng, nǐ zài nǎr a?

샤오왕, 지금 어디세요?

Ⓑ 我 在 正大 广场。
Wǒ zài Zhèngdà guǎngchǎng.

쩡따광장에 있어요.

Ⓐ 正大 广场? 那 是 干 什么 的 地方?
Zhèngdà guǎngchǎng? Nà shì gàn shénme de dìfang?

쩡따광장요? 그곳은 무엇하는 곳입니까?

Ⓑ 是 一 个 很 大 的 shopping mall 啊。
Shì yí ge hěn dà de xiāopíngmào a.

아주 큰 쇼핑몰이어요.

你 有 什么 事儿 吗?
Nǐ yǒu shénme shìr ma?

무슨 일 있어요?

Ⓐ 一会儿 你 陪 我 去 上海 书城, 好 不 好?
Yíhuìr nǐ péi wǒ qù Shànghǎi shūchéng, hǎo bu hǎo?

좀 있다가 저를 동반하여 상해 서점에 가는 게 어때요?

Ⓑ 上海 书城 在 什么 路?
Shànghǎi shūchéng zài shénme lù?

상해 서점이 무슨 길에 있죠?

Ⓐ 在 福州路。
Zài Fúzhōulù.

푸쩌우로에 있어요.

Ⓑ 我 就 在 福州路 附近, 你 现在 过来 吧。
Wǒ jiù zài Fúzhōulù fùjìn, nǐ xiànzài guòlai ba.

제가 바로 푸쩌우로 근처에 있으니, 지금 이쪽으로 오세요.

+new | 새단어

正大广场 Zhèngdà guǎngchǎng 명사. 쩡따광장(지명)
地方 dìfang 명사. 곳
干 gàn 동사. 하다
事儿 shìr 명사. 일
一会儿 yíhuìr 좀 있다가
陪 péi 동사. 동반하다
上海 Shànghǎi 상하이(지명)

书城 shūchéng 서점
路 lù 명사. 로
福州路 Fúzhōulù 푸쩌우로(도로명)
附近 fùjìn 명사. 근처
过来 guòlai 동사. 건너오다

응용하기

● 반어문

为什么不……?

为什么不去外边吃? 왜 밖에서 식사하지 않습니까?

A 中午 你 在 哪儿 吃饭?
Zhōngwǔ nǐ zài nǎr chīfàn?

점심은 어디에서 드세요?

B 我 在 单位 的 食堂 吃。
Wǒ zài dānwèi de shítáng chī.

회사 식당에서 먹어요.

A 你们 单位 食堂 的 饭菜 怎么样?
Nǐmen dānwèi shítáng de fàncài zěnmeyàng?

회사 식당의 반찬은 어때요?

B 一般 吧。
Yìbān ba.

보통입니다.

A 那 你 为什么 不 去 外边 吃?
Nà nǐ wèishénme bú qù wàibian chī?

그럼 왜 밖에 나가서 안 드세요?

B 因为 中午 休息 时间 太 短。
Yīnwèi zhōngwǔ xiūxi shíjiān tài duǎn.

점심 휴식 시간이 너무 짧아서요.

A 那 你 晚饭 是 不 是 回家 吃?
Nà nǐ wǎnfàn shì bu shì huíjiā chī?

그럼 저녁 식사는 집에 가서 드시나요?

B 我 也 想 回家 吃, 可是 每天 晚上 都 有 应酬。
Wǒ yě xiǎng huíjiā chī, kěshì měitiān wǎnshang dōu yǒu yìngchou.
저도 집에 가서 먹고 싶은데, 매일 저녁 접대가 있습니다.

+new 새단어

吃饭 chīfàn 동사. 식사하다
单位 dānwèi 명사. 직장
食堂 shítáng 명사. 구내 식당
饭菜 fàncài 명사. 밥과 찬
一般 yìbān 형용사. 보통이다
外边 wàibian 명사. 밖

短 duǎn 형용사. 짧다
回家 huíjiā 동사. 집으로 돌아가다
每天 měitiān 명사. 매일
每天晚上 měitiān wǎnshang 명사. 매일 저녁
应酬 yìngchou 명사. 접대

단어 익히기

⊙ 주어진 단어로 빈칸을 채워보세요.

❶ 事儿 (shìr 일)

_____(기쁜 일), _____(큰 일), _____(좋은 일 ↔ 나쁜 일)

❷ 广场 (guǎngchǎng 광장)

_____(공항), _____(축구장), _____(시장),

_____(운동장), _____(주차장)

❸ 饭店 (fàndiàn 식당)

_____(상점), _____(매점), _____(서점), _____(약국)

❹ 饭 (fàn 식사)

_____(저녁 식사), _____(점심 식사), _____(아침 식사)

❺ 休 (xiū 쉬다)

_____(휴가), _____(휴간), _____(휴양),

_____(휴식하다), _____(휴업), _____(휴학)

❻ 每 (měi 매)

_____(매월), _____(매주), _____(매개인),

_____(집집마다), _____(매년), _____(매일)

❼ 包 (bāo 가방)

_____(책가방), _____(지갑), _____(가죽 가방)

✚ 보기

❶▸ A 好事儿 ↔ 坏事儿
    hǎoshìr   huàishìr
  B 喜事儿 C 大事儿
    xǐshìr   dàshìr

❷▸ A 运动场
     yùndòngchǎng
  B 机场   C 足球场
    jīchǎng   zúqiúchǎng
  D 停车场   E 市场
    tíngchēchǎng shìchǎng

❸▸ A 书店   B 商店
     shūdiàn   shāngdiàn
  C 药店   D 小卖店
    yàodiàn   xiǎomàidiàn

❹▸ A 早饭   B 晚饭
     zǎofàn   wǎnfàn
  C 午饭
    wǔfàn

❺▸ A 休息   B 休假
     xiūxi   xiūjià
  C 休学   D 休养
    xiūxué   xiūyǎng
  E 休业   F 休刊
    xiūyè   xiūkān

❻▸ A 每天   B 每月
     měitiān   měiyuè
  C 每年   D 每人
    měinián   měirén
  E 每星期 F 每家
    měixīngqī měijiā

❼▸ A 皮包   B 书包
     píbāo   shūbāo
  C 钱包
    qiánbāo

我的车钥匙在哪儿?

내 차 키 어디 있어?

● 말하기

주어 + 帮 + 人 + 동사의 중첩형

你 + 帮 + 我 + 找找。　네가 나를 도와서 좀 찾아줘.

A 明明, 我 的 车钥匙 在 哪儿?
Míngming, wǒ de chēyàoshi zài nǎr?

밍밍, 내 차 키 어디 있지?

B 在 沙发 上。
Zài shāfā shang.

소파에 있어요.

A 皮包 呢?
Píbāo ne?

가방은?

B 我 怎么 知道?
Wǒ zěnme zhīdao?

제가 어떻게 알겠어요?

A 你 帮 我 找找, 好 不 好?
Nǐ bāng wǒ zhǎozhao, hǎo bu hǎo?

좀 찾아 줘.

B 会 不 会 在 你 的 车 里?
Huì bu huì zài nǐ de chē li?

혹시 차에 있지 않을까요?

A 噢! 我 想 起来 了, 是 在 我 的 车 里。
Ō! Wǒ xiǎng qǐlai le, shì zài wǒ de chē li.

아! 생각났다. 차에 있다.

B 你 看 你。
Nǐ kàn nǐ.

봐봐요.

✛ⁿEⱳ 새단어

车 chē 명사. 차	帮 bāng 동사. 돕다	이나 실현을 나타냄)
钥匙 yàoshi 명사. 키	找 zhǎo 동사. 찾다	想起来了 xiǎng qǐlai le 생각이 났다
沙发 shāfā 명사. 소파	找找 zhǎozhao 좀 찾아보다	你看你 nǐ kàn nǐ 봐봐요
皮包 píbāo 명사. 가죽가방	会 huì 조동사. ~할 가능성이 있다(가능	

✣ 중국어의 기초를 다져주는 해설 한마디

동사의 중첩 : "~을 해보다"라는 뜻으로 쓰임

① 단음절 동사 : AA → 找找 = 找一找 = 找一下(좀 찾아보다), 看看 = 看一看 = 看一下(좀 보다)
② 2음절 동사 : ABAB → 介绍介绍 = 介绍一下(소개좀 하다)

중국어왕왕초보첫걸음

일상 회화에서 자주 쓰는 말

원 문	번 역	원 문	번 역
过 得 怎么样？ guò de zěnmeyàng?	어떻게 지내세요?	小心 点儿。 xiǎoxīn diǎnr	조심하세요.
多 谢。 duō xiè	대단히 감사합니다.	安静 点儿。 ānjìng diǎnr	조용히 하세요.
谢谢 你 的 关心。 xièxie nǐ de guānxīn	당신의 관심에 감사합니다.	让 一 让。 ràng yí ràng	좀 비켜주세요.
辛苦 了。 xīnkǔ le	수고하셨습니다.	帮 帮 忙。 bāng bang máng	좀 도와주세요.
周末 愉快。 zhōumò yúkuài	좋은 주말 보내세요.	别 动。 bié dòng	움직이지 마세요.
天气 真 好。 tiānqì zhēn hǎo	날씨가 정말 좋네요.	别 感冒 了。 bié gǎnmào le	감기 걸리지 마세요.
祝贺 你。 zhùhè nǐ	축하합니다.	慢 用。 màn yòng	천천히 드세요.
生日 快乐。 shēngrì kuàilè	생일 축하합니다.	慢 走。 màn zǒu	살펴 가세요.
我 吃 多 了。 wǒ chī duō le	너무 많이 먹었어요.	快 走。 kuài zǒu	빨리 가요.
我 吃 饱 了。 wǒ chī bǎo le	배불리 먹었습니다.	我 忘 了。 wǒ wàng le	깜박했어요.
我 喝 多 了。 wǒ hē duō le	너무 많이 마셨습니다.	请 进。 qǐng jìn	들어 오세요.
我 喝 醉 了。 wǒ hē zuì le	취했습니다.	请 坐。 qǐng zuò	앉으세요.
多 吃 点儿。 duō chī diǎnr	많이 드세요.	请 问。 qǐng wèn	말씀 좀 여쭙겠습니다.
再 吃 点儿。 zài chī diǎnr	더 드세요.	吃 完 了。 chī wán le	다 먹었습니다.

그림을 통해 익히는 중국어

❶ 百货商店 bǎihuò shāngdiàn 백화점

❷ 书店 shūdiàn 서점

❸ 药店 yàodiàn 약국

❹ 花店 huādiàn 꽃집

❺ 学校 xuéxiào 학교

❻ 邮局 yóujú 우체국

❼ 公园儿 gōngyuánr 공원

❽ 博物馆 bówùguǎn 박물관

❾ 火车站 huǒchēzhàn 기차역

❿ 客运站 kèyùnzhàn 여객터미널

⓫ 机场 jīchǎng 공항

⓬ 医院 yīyuàn 병원

⓭ 干洗店 gānxǐdiàn 세탁소

⓮ 菜市场 càishìchǎng 채시장

⓯ 咖啡厅 kāfēitīng 커피숍

⓰ 免税店 miǎnshuìdiàn 면세점

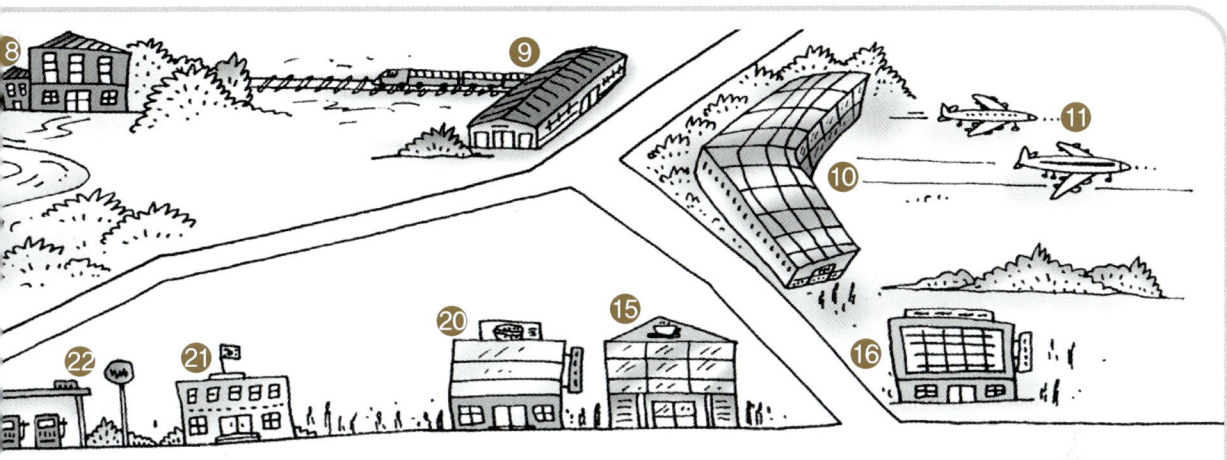

⑰ 健身房 jiànshēnfáng 헬스장

⑱ 度假村 dùjiàcūn 콘도

⑲ 幼儿园 yòu'éryuán 유치원

⑳ 快餐厅 kuàicāntīng 패스푸드점

㉑ 派出所 pàichūsuǒ 파출소

㉒ 加油站 jiāyóuzhàn 주유소

㉓ 公用电话 gōngyòng diànhuà 공중전화

㉔ 图书馆 túshūguǎn 도서관

㉕ 洗澡堂 xǐzǎotáng 목욕탕

㉖ 公共厕所 gōnggòng cèsuǒ 공중화장실

㉗ 电影院 diànyǐngyuàn 영화관

㉘ 汽车维修部 qìchē wéixiūbù 카센터

㉙ 电信局 diànxìnjú 전화국

활용하기

A + 是 + A	有点儿 + 형용사
可以 + 是 + 可以。	有点儿 + 远。
가능하기는 가능한데.	좀 멀다.

A 请问, 附近 有 没有 银行?
Qǐngwèn, fùjìn yǒu méiyǒu yínháng?

말씀 좀 여쭙겠습니다. 근처에 은행이 있나요?

B 好像 没有。
Hǎoxiàng méiyǒu.

없는 것 같아요.

A 那 有 没有 自动 取款机?
Nà yǒu méiyǒu zìdòng qǔkuǎnjī?

그럼 ATM 기계는 있나요?

B 有 啊。
Yǒu a.

있어요.

A 在 哪儿?
Zài nǎr?

어디에 있어요?

B 在 前边 家乐福 超市 里。
Zài qiánbiān Jiālèfú chāoshì lǐ.

앞쪽의 까르푸 안에 있어요.

A 可以 走着去 吗?
Kěyǐ zǒuzhequ ma?

걸어서 갈 수 있나요?

B 可以 是 可以, 不过 有点儿 远。
Kěyǐ shì kěyǐ, búguò yǒudiǎnr yuǎn.

갈 수는 있는데, 좀 멀어요.

A 那 怎么 去?
Nà zěnme qù?

그럼 어떻게 가야 하나요?

B 你 可以 坐 32 路 公共汽车, 也 可以 打车 去。
Nǐ kěyǐ zuò sānshí'èr lù gōnggòng qìchē, yě kěyǐ dǎchē qù.
32번 버스를 타도 되고, 택시를 타도 됩니다.

A 公共汽车站 在 哪儿?
Gōnggòng qìchē zhàn zài nǎr?

버스 정류장은 어디에 있습니까?

B	就 在 前边。	바로 앞에 있습니다.
	Jiù zài qiánbiān.	

A	谢谢!	감사합니다!
	Xièxie!	

B	不客气。	별말씀을요.
	Búkèqi.	

+NEW | 새단어

好像 hǎoxiàng 부사. 아마 ~인 것 같다
自动 zìdòng 형용사. 자동적인
自动取款机 zìdòng qǔkuǎnjī ATM 기계
前边 qiánbiān 명사. 앞
家乐福 Jiālèfú 까르푸
超市 chāoshì 슈퍼마켓
超市里 chāoshìlǐ 슈퍼마켓 안
走 zǒu 명사. 걷다
走着去 zǒu zhe qù 걸어서 가다

A 是 A … 不过 A shì A … búguò
    …하긴 하지만, 그런데 …하다
有点儿 yǒudiǎnr 조금
远 yuǎn 형용사. 멀다
坐 zuò 동사. 타다, 앉다
路 lù (버스 노선) 번
32路 sānshí'èr lù 32번
公共汽车 gōnggòng qìchē 명사. 버스
打车 dǎchē 동사. 택시를 타다

[유명 대형 할인점 및 24시 편의점]

이름	번역	소속 나라	종류
家乐福 Jiālèfú	까르푸	프랑스	대형 할인점
易买得 Yìmǎidé	이마트	한국	대형 할인점
麦德龙 Màidélóng	마이더룽	독일	대형 할인점
易初莲花 Yìchūliánhuā	이추래앤화	중국	대형 할인점
世纪联华 Shìjì liánhuá	스찌래인화	중국	대형 할인점
京客隆 Jīngkèlóng	찐커룽	중국	대형 할인점
罗森 Luósēn	뤄썬	일본	24시 편의점
可的 Kědì	커디	중국	24시 편의점
好德 Hǎodé	하우더	중국	24시 편의점
快客 Kuàikè	쿠아이커	중국	24시 편의점

업그레이드
문법 해설

❶ 一点儿와 有点儿의 비교

단어	용법	예문
有点儿 yǒudiǎnr	(1) 有点儿 + 형용사 약간의 불만을 나타냄	有点儿累 좀 힘들어요. 有点儿贵 좀 비싸요.
	(2) 有点儿 + 동사 약간의 불만을 나타냄	有点儿咳嗽(késou) 기침 좀 해요. 有点儿发烧(fāshāo) 열이 좀 나요.
一点儿 yìdiǎnr	(1) 긍정적 형용사 + (一)点儿 부드러운 명령을 나타냄	安静点儿 조용히 하세요. 小心点儿 조심하세요.
	(2) (一)点儿 + 명사 적은 양을 나타냄	给我一点儿钱 돈 좀 주세요. 再给我一点儿饭 밥 좀 더 주세요.

❷ 有와 在의 구별

단어	용법	예문
在 zài	(1) 사물 + 在 + 장소/방위사	钥匙在桌子上 키는 테이블 위에 있다.
	(2) 사람 + 在 + 장소/방위사	爸爸在客厅里 아빠는 거실에 계시다.
有 yǒu	(1) 장소/방위사 사물 + 有 + 사람	教室里有三个学生 교실에 학생이 세 명 있다.
	(2) 장소/방위사 사물 + 有 + 사물	办公室里有空调 사무실에 에어컨이 있다.

❸ 还, 又, 也의 구별

단어	뜻	예문
还 hái	아직	我还没结婚。 저 아직 결혼하지 않았어요. 我还没吃饭呢。 저 아직 밥을 안 먹었는데요.
	…뿐만 아니라 …도	我会英语, 还会汉语。 영어도 할 줄 알고, 중국어도 할 줄 알아요.
又 yòu	또 (반복 또는 연속을 나타냄)	你又出差啊? 또 출장가요? 你又喝酒了? 또 술 드셨어요? 看了又看。 보고 또 보고.
也 yě	역시, …도	我是韩国人, 她也是韩国人。 저는 한국인입니다, 그녀도 한국인입니다.

❹ 或者와 还是의 구별

단어	용법	예문
还是 háishi	(1) 그래도 …하는 편이 더 좋다	还是坐火车吧。 기차를 타고 가는 편이 더 좋겠네요.
	(2) 아니면 (의문문에 쓰임)	你去中国还是美国? 중국에 갈 겁니까, 아니면 미국에 갈 겁니까?
或者 huòzhě	(1) 어쩌면 (추측을 나타냄)	快点儿走, 或者还赶得上火车。 빨리 가자, 어쩌면 기차를 탈 수도 있어.
	(2) …든지 (서술문에 쓰임)	或者你去, 或者我去, 都行。 네가 가든지, 내가 가든지 다 괜찮다.

동 사	뜻	동사 뒤에 올 수 있는 목적어	
忙	서둘러 …하다	(1) 忙 工作。 서둘러 일하다. máng gōngzuò	(2) 忙 学习。 서둘러 공부하다. máng xuéxí
工作	일하다	工作 8 个 小时。 8시간 일하다. gōngzuò bā ge xiǎoshí	
学(习)	공부하다	(1) 学习 汉语。 중국어를 배우다. xuéxí Hànyǔ	(2) 学 歌。 노래를 배우다. xué gē
准备	(1) 준비하다	(1) 准备 晚饭。 저녁 식사를 준비하다. zhǔnbèi wǎnfàn	
	(2) ~할 예정이다	(2) 准备 去 中国 留学。 중국에 유학 갈 예정이다. zhǔnbèi qù Zhōngguó liúxué	
去	가다	(1) 去 吃饭。 밥 먹으러 가다. qù chīfàn	(2) 去 买 东西。 물건 사러 가다. qù mǎi dōngxi
认识	알다	(1) 认识 他。 그를 알다. rènshi tā	(2) 认识 路。 길을 알다. rènshi lù
见	만나다	(1) 见面。 얼굴을 뵙다. jiànmiàn	(2) 见 朋友。 친구를 만나다. jiàn péngyou
做	하다, 만들다	(1) 做饭。 밥하다. zuòfàn　(2) 做菜。 요리하다. zuòcài	(3) 做 衣服。 옷을 만들다. zuò yīfu
穿	입다, 신다	(1) 穿 衣服。 옷을 입다. chuān yīfu	(2) 穿鞋。 신발을 신다. chuānxié
换	바꾸다	(1) 换钱。 환전하다. huànqián	(2) 换 衣服。 옷을 갈아 입다. huàn yīfu
介绍	소개하다	(1) 介绍 女朋友。 여자친구를 소개하다. jièshào nǚpéngyou	(2) 介绍 工作。 일을 소개하다. jièshào gōngzuò
回	돌아오다	(1) 回家。 집으로 돌아가다. huíjiā	(2) 回国。 귀국하다. huíguó
说	(1) 말하다	(1) 说 汉语。 중국어를 하다. shuō Hànyǔ	(2) 说话。 말하다. shuōhuà
	(2) 꾸짖다	说 我。 나를 꾸짖다. shuō wǒ	

동 사	뜻	동사 뒤에 올 수 있는 목적어	
接	(1) 마중하다 (2) (전화를) 받다	(1) 接孩子。 아이를 마중하다. jiē háizi	(2) 接 电话。 전화를 받다. jiē diànhuà
听	듣다	(1) 听话。 말을 듣다. tīng huà	(2) 听 录音。 녹음을 듣다. tīng lùyīn
休息	쉬다	(1) 休息 十 分钟。 10분간 휴식. xiūxi shí fēnzhōng	(2) 休息 3天。 3일 쉬다. xiūxi sān tiān
喜欢	좋아하다	(1) 喜欢 他。 그를 좋아하다. xǐhuan tā	(2) 喜欢 唱歌。 노래 부르는 것을 좋아하다. xǐhuan chànggē
喝	마시다	(1) 喝酒。 술을 마시다. hējiǔ	(2) 喝水。 물을 마시다. hēshuǐ
坐	타다	坐车(火车，飞机，地铁)。 차(기차, 비행기, 지하철)를 타다. zuòchē (huǒchē, fēijī, dìtiě)	
爱好	애호하다	爱好 运动。 운동을 좋아하다. àihào yùndòng	
看	(1) 보다 (2) 찾아 뵙다	(1) 看 电视。 TV를 보다. kàn diànshì	(2) 看 老师。 선생님을 찾아 뵙다. kàn lǎoshī
改变	바꾸다	(1) 改变 性格。 성격을 바꾸다. gǎibiàn xìnggé	(2) 改变 生活。 생활을 바꾸다. gǎibiàn shēnghuó
打	하다	(1) 打 电话。 전화를 하다. (2) 打车。 택시를 타다. dǎ diànhuà dǎchē	(3) 打字。 타자를 치다. dǎzì
在	있다	(1) 在 桌子上。 책상 위에 있다. zài zhuōzi shang	(2) 在 家。 집에 있다. zài jiā
到	도착하다	到 火车站。 기차역에 도착하다. dào huǒchēzhàn	
等	기다리다	(1) 等车。 차를 기다리다. děngchē	(2) 等人。 사람을 기다리다. děngrén
吃	먹다	(1) 吃饭。 밥을 먹다. chīfàn	(2) 吃菜。 반찬을 먹다. chī cài
找	찾다	(1) 找 东西。 물건을 찾다. zhǎo dōngxi	(2) 找 男朋友。 남자 친구를 찾다. zhǎo nánpéngyou

마무리 연습 문제

✳ 올바른 문장을 골라 보세요.

① A 中午休息时间因为太短。
    B 因为中午的休息的时间太短。
    C 因为中午休息时间太短。

② A 你们单位食堂饭怎么样？
    B 你们的单位食堂饭菜怎么样？
    C 你们单位食堂的饭菜怎么样？

③ A 你陪我去上海书城，好不好？
    B 你陪去上海书城，好不好？
    C 你陪去我上海书城，好不好？

④ A 那你每天晚饭是不是回家吃？
    B 那你每天晚饭不是回家吃？
    C 那你每天晚饭是不回家吃吗？

⑤ A 我也想回家吃，可是每天有都应酬。
    B 我也想回家吃，可是都每天有应酬。
    C 我也想回家吃，可是每天都有应酬。

⑥ A 可以就是可以，不过有点儿远。
    B 可以是可以，不过远有点儿。
    C 可以是可以，不过有点儿远。

你去中国干什么?

중국에 무엇하러 가십니까?

● 기본 문법 및 문형

1 **연동문** (두 개 이상의 동작이 연이어 발생하는 경우를 가리킴)

주어 + 동사 1 + 목적어 1 + 동사 2 + 목적어 2

我 + 去 + 中国 + 参加 + 展览会。 중국에 전시회에 참가하러 갑니다.

• • • 연동문의 어순은 동작발생순이다. 동작 1은 "去中国", 동작 2는 "参加展览会"이다.

2 **조동사** '可以'의 용법

주어 + 可以 + 동사 + 목적어 + 吗?

我 + 可以 + 搭 + 你的车 + 吗? 당신의 차를 타도 됩니까?

• • • "可以"는 "……해도 됩니까?"라는 뜻으로 허락을 구할 때 쓰는 말이다.

3 不是…… 就是……

不是刮风就是下雨。

"~하지 않으면 ~하다"

바람이 불지 않으면 비가 온다.

4 还是……吧。

还是坐火车去吧。

"그래도 ……하는 편이 좋다"

그래도 기차타고 가는 편이 좋겠다.

123

기초 세우기

◉ **연동문** (두 개 이상의 동작이 연이어 발생하는 경우를 가리킴)

주어 + 동사 1 + 목적어 1 + 동사 2 + 목적어 2

我 + 去 + 中国 + 参加 + 展览会。

중국에 전시회에 참가하러 갑니다.

A 又 出差 啊?
Yòu chūchāi a?

또 출장 가요?

B 可 不 是 嘛。
Kě bú shì ma.

그러게 말이어요.

A 这次 去 哪儿 出差 啊? 이번에는 어디로 출장을 갑니까?
Zhècì qù nǎr chūchāi a?

B 去 中国。
Qù Zhōngguó.

중국으로 가요.

A 去 中国 干 什么?
Qù Zhōngguó gàn shénme?

중국에 무엇 하러 가세요?

B 去 中国 参加 一个 展览会。 중국에 전시회에 참가하러 갑니다.
Qù Zhōngguó cānjiā yíge zhǎnlǎnhuì

✚NEW | 새단어

又 yòu 부사. 또
出差 chūchāi 동사. 출장가다
可不是嘛 kě bú shì ma

그러게 말이어요
次 cì 동량사. 번
这次 zhècì 이번

参加 cānjiā 동사. 참가하다
展览会 zhǎnlǎnhuì 명사. 전시회

❖ **중국어의 기초를 다져주는 해설 한마디**

　　두 개 이상의 동작이 연이어 발생할 경우의 어순은 동작의 진행순이다. 예컨대 "중국에 전시회에 참가하러 갑니다."라는 문장에서 첫 번째 동작은 중국에 가는 것이고(去中国), 두 번째 동작은 전시회에 참가하는 것이다(参加展览会). 따라서 다음과 같이 표현해야 한다. 去中国参加展览会。

◉ **조동사** '可以'의 용법

주어 + 可以 + 동사 + 목적어 + 吗?

我 + 可以 + 搭 + 你的车 + 吗?

당신의 차를 타도 됩니까?

Ⓐ 小王, 干吗 走 那么 急?
XiǎoWáng, gànmá zǒu nàme jí?

샤오왕, 왜 그렇게 급하게 걸어요?

Ⓑ 我 要 去 机场。
Wǒ yào qù jīchǎng.

공항에 가려고요.

Ⓐ 你 去 机场 干 什么?
Nǐ qù jīchǎng gàn shénme?

공항에 무엇 하러 가세요?

Ⓑ 我 去 机场 接 一 个 客户。
Wǒ qù jīchǎng jiē yí ge kèhù.

공항에 손님을 마중하기 위해 갑니다.

Ⓐ 我 可 不 可以 搭 你 的 车?
Wǒ kě bu kěyǐ dā nǐ de chē?

당신의 차를 타도 됩니까?

Ⓑ 你 去 哪儿?
Nǐ qù nǎr?

어디 가시는데요?

Ⓐ 我 去 人事局。
Wǒ qù rénshìjú.

인사국에 갑니다.

Ⓑ 正好 是 顺路, 上车 吧。
Zhènghǎo shì shùnlù, shàngchē ba.

마침 가는 길이네요, 타세요.

✛ⓝⓔⓦ | 새단어

干吗 gànmá 대사. 왜(회화에서 쓰임)
走 zǒu 동사. 걷다
那么 nàme 대사. 그렇게
急 jí 형용사. 급하다

接 jiē 동사. 마중하다
客户 kèhù 명사. (거래처) 손님
搭 dā 동사. (차를 얻어) 타다
人事局 rénshìjú 명사. 인사국

正好 zhènghǎo 부사. 마침
顺路 shùnlù 명사. 지나는 길
上车 shàngchē 동사. 차에 오르다

❖ **중국어의 기초를 다져주는 해설 한마디**

중국어에서 조동사는 반드시 다른 동사 앞에 와야 한다. 따라서 조동사 "可以"는 "可以+동사"의 형식을 취한다.
㉠ 可以休息。 쉬어도 된다.

응용하기

A 今天 晚上 你 回家 吃饭 还是 在 外边 吃饭?
Jīntiān wǎnshang nǐ huíjiā chīfàn háishi zài wàibian chīfàn?
오늘 저녁은 집에 와서 식사합니까, 아니면 밖에서 식사합니까?

B 亲爱的, 真 对不起, 今晚 你 还 得 一个人 吃。
Qīn'àide, zhēn duìbuqǐ, jīnwǎn nǐ hái děi yígerén chī.
사랑하는 우리 자기, 정말 미안해요, 오늘 저녁도 혼자서 식사해야겠네요.

A 又 有 什么 应酬?
Yòu yǒu shénme yìngchou?
또 무슨 접대가 있나요?

B 不 是 有 什么 应酬, 是 加班。
Bú shì yǒu shénme yìngchou, shì jiābān.
무슨 접대가 있는 게 아니라 특근이랍니다.

A 你 每天 晚上 不是 加班 就是 跟 朋友 喝酒。
Nǐ měitiān wǎnshang búshi jiābān jiùshi gēn péngyou hējiǔ.
당신은 매일 저녁에 특근하지 않으면 친구랑 술을 마시네요.

B 别 生气, 明晚 我 一定 回家 吃饭。
Bié shēngqì, míngwǎn wǒ yídìng huíjiā chīfàn.
화내지 마세요, 내일 저녁엔 꼭 집에 가서 식사할게요.

A 明晚 我 还 有 约会 呢。
Míngwǎn wǒ hái yǒu yuēhuì ne.
내일 저녁엔 제가 약속이 있는 걸요.

B 那 我 在 家 等 你。
Nà wǒ zài jiā děng nǐ.
그럼 내가 집에서 당신을 기다릴게요.

+NEW | 새단어

亲爱的 qīn'àide 친애하는
应酬 yìngchou 명사. 접대
跟 gēn 개사. ~와
别 bié 부사. ~하지 마

生气 shēngqì 동사. 화내다
不是……就是……
búshi……jiùshi……
……하지 않으면 ……하다

明晚 míngwǎn 명사. 내일 저녁
等 děng 동사. 기다리다

단어 익히기

🎧 주어진 단어로 빈칸을 채워보세요.

❶ **参加** (cānjiā 참가하다)

_____(전시회에 제품을 전시하다), _____(참관하다),

_____(참고하다), _____(군대 가다)

❷ **展览会** (zhǎnlǎnhuì 전시회)

_____(세미나), _____(운동회), _____(박람회)

❸ **顺路** (shùnlù 가는 길에)

_____(순리롭다), _____(순풍 ↔ 역풍), _____(순서)

❹ **生气** (shēngqì 화내다)

_____(생동하다), _____(생산량), _____(생활)

❺ **换钱** (huànqián 환전하다)

_____(돈을 쓰다 ↔ 돈을 모으다),

_____(돈을 빌리다 ↔ 돈을 돌려주다), _____(돈을 벌다)

❻ **长途** (chángtú 장거리)

_____(길이), _____(만리장성), _____(장점 ↔ 단점)

➕ 보기

▶▶▶ A 参观　B 参展
　　　cānguān　cānzhǎn
　　C 参军　D 参考
　　cānjūn　cānkǎo

▶▶▶ A 博览会
　　　bólǎnhuì
　　B 研讨会
　　　yántǎohuì
　　C 运动会
　　　yùndònghuì

▶▶▶ A 顺风 ↔ 逆风
　　　shùnfēng　nìfēng
　　B 顺利
　　　shùnlì
　　C 顺序
　　　shùnxù

▶▶▶ A 生产量
　　　shēngchǎnliàng
　　B 生动
　　　shēngdòng
　　C 生活
　　　shēnghuó

▶▶▶ A 借钱 ↔ 还钱
　　　jièqián　huánqián
　　B 花钱 ↔ 攒钱
　　　huāqián　zǎnqián
　　C 挣钱
　　　zhèngqián

▶▶▶ A 长城
　　　chángchéng
　　B 长处 ↔ 短处
　　　chángchù　duǎnchù
　　C 长短
　　　chángduǎn

还是坐火车去吧。

그래도 기차를 타고 가는 게 낫겠네요.

● 말하기

还是……吧   ……하는 것이 낫겠다.

还是坐火车去吧。   그래도 기차를 타고 가는 게 낫겠다.

Ⓐ **明天 我们 怎么 去?**
Míngtiān wǒmen zěnme qù?
내일 우리 어떻게 갈까요?

Ⓑ **开车 去 吧。**
Kāichē qù ba.
운전해서 갑시다.

Ⓐ **周末 塞车, 还是 坐 火车 去 吧。**
Zhōumò sāichē, háishi zuò huǒchē qù ba.
주말에 차가 막히는데, 그래도 기차를 타는 게 나을 것 같아요.

Ⓑ **好像 没有 直达 广州 的 火车。**
Hǎoxiàng méiyǒu zhídá Guǎngzhōu de huǒchē.
꾸앙저우까지 직행으로 가는 기차가 없는 것 같은데요.

Ⓐ **那 可 不 可以 坐 长途 汽车 去?**
Nà kě bu kěyǐ zuò chángtú qìchē qù?
그럼 장거리 버스를 타면 안 돼나요?

Ⓑ **可以, 不过 一天 只有 两 三 趟。**
Kěyǐ, búguò yìtiān zhǐyǒu liǎng sān tàng.
가능한데요, 하루에 두·세 번 밖에 없어요.

Ⓐ **太 不 方便 了, 我们 还是 开车 去 吧。**
Tài bù fāngbiàn le, wǒmen háishi kāichē qù ba.
너무 불편하네요, 그럼 운전해서 가는 게 낫겠네요.

+new | 새단어

开车 kāichē 동사. 운전하다
周末 zhōumò 명사. 주말
塞车 sāichē 동사. 차가 막히다
还是…吧 háishi…ba 그래도…편이 더 좋다
直达 zhídá 동사. 직통하다
广州 Guǎngzhōu 명사. 꾸앙저우(지명)

长途汽车 chángtú qìchē 명사. 장거리 버스
不过 búguò 접속사. 그러나
只有 zhǐyǒu 부사. 오직 ~만 있다
趟 tàng 동량사. 번(왕복을 가리킴)
方便 fāngbiàn 형용사. 편리하다

그림을 통해 익히는 중국어

打扫房间 방을 청소하다
dǎsǎo fángjiān

擦桌子 테이블을 닦다
cā zhuōzi

买东西 물건을 사다
mǎi dōngxi

刷卡 카드로 결재하다
shuākǎ

结账 계산하다
jiézhàng

理发 이발하다
lǐfà

洗头 머리를 감다
xǐtóu

洗碗 설거지하다
xǐwǎn

洗澡 목욕하다
xǐzǎo

서술하기

❶ 小金　明天　去　釜山(부산)　出差，他　原来(원래)　想　开车　去，
XiǎoJīn　míngtiān　qù　Fǔshān　chūchāi，tā　yuánlái　xiǎng　kāichē　qù，

但是　他　一个人　开车　太　累，而且(게다가)　路上　还　塞车(차가 막히다)，
dànshì　tā　yígerén　kāichē　tài　lèi，érqiě　lùshang　hái　sāichē，

所以(그러므로)　他　决定(결정하다)　坐　火车　去。
suǒyǐ　tā　juédìng　zuò　huǒchē　qù。

坐　火车　很　舒服(편하다)，在　火车上　可以　看书，
Zuò　huǒchē　hěn　shūfu，zài　huǒchēshang　kěyǐ　kànshū，

也　可以　听　音乐(음악)，还　可以　睡觉(잠자다)　呢。
yě　kěyǐ　tīng　yīnyuè，hái　kěyǐ　shuìjiào　ne。

❷ 小朴　很　喜欢　开车。上班　的　时候(~할 때)　当然　要　开车，
XiǎoPiáo　hěn　xǐhuan　kāichē。Shàngbān　de　shíhou　dāngrán　yào　kāichē，

去　买　东西　的　时候　也　要　开车，
qù　mǎi　dōngxi　de　shíhou　yě　yào　kāiche，

周末　出去　玩儿　的　时候　更(더욱)　要　开车。
zhōumò　chūqu　wǎnr　de　shíhou　gèng　yào　kāiche。

他　说　开车　又　方便(편리하다)　又　舒服(편하다)。
Tā　shuō　kāichē　yòu　fāngbiàn　yòu　shūfu。

마무리 연습 문제

✳ 올바른 문장을 골라 보세요.

❶ A 下个月我去中国参加一个新产品展览会。

B 下个月中国我去参加一个新产品展览会。

C 下个月我去中国参加新产品一个展览会。

❷ A 我不可以搭你的车？

B 我可以不可搭你的车？

C 我可不可以搭你的车？

❸ A 周末塞车，开车去还是吧。

B 周末塞车，还是坐火车去吧。

C 周末塞车，是开车去吧。

❹ A 好像没有到广州的直达火车。

B 好像没有直达的火车到广州。

C 好像没有直达广州的火车。

❺ A 带我的车去吧，我的车比较大。

B 我的车去开吧，我的车比较大。

C 开我的车去吧，我的车比较大。

중국 문화 이해

① 약혼식

약혼식은 양쪽 부모님과 가까운 친척만 참석할 정도로 비교적 간소하게 치른다. 하지만 예비 신랑은 예비 신부에게 줄 "彩礼 cǎilǐ,예물"을 준비해야 하는 데, 예물은 일반적으로 여자 쪽에서 요구하는 만큼 줘야 한다. 적게는 몇 천위앤, 많게는 몇 만위앤 정도가 된다. 이러한 돈은 한 달 월급이 평균 천위앤정도 밖에 안 되는 남자들에게는 큰 부담이 되지 않을 수 없다.

② 결혼 준비

남자 쪽은 집과 모든 가구 및 가전 제품을 준비해야 하고, 여자 쪽은 커튼, 이불, 그릇 등과 같은 생활용품만 준비하면 된다. 한마디로 아들을 장가 보내려면 돈을 많이 모아야 한다.

③ 결혼식

아주 옛날에는 예비 신랑은 예비 신부의 얼굴을 결혼식 날 저녁이 되어야만 볼 수 있었지만, 지금은 물론 아니다.

중국은 결혼식날 신랑과 신부가 모두 빨간 옷을 입는다. 그리고 신랑과 신부는 결혼식에 참석한 모든 손님에게 술을 한 잔씩 따라 드려야 하고, 사탕도 한 알씩 드려야 하며, 담배를 드려야 할 뿐만 아니라 불노 붙혀 줘야 한나. 이것을 중국어보 "喜酒 xǐjiǔ", "喜糖 xǐtang", "喜烟 xǐyan" 이라고 한다. 저녁 때가 되면 신랑과 신부의 친구들이 신방(新房 xīnfáng)에 쳐들어와 신랑과 신부를 괴롭히기도 한다.

④ 결혼 생활

결혼 후 대다수의 부부는 모두 맞벌이를 하기 때문에 가사 일은 남자가 하는 경우가 많다. 밥을 짓는 것은 물론이고, 빨래 · 방청소 · 애기를 돌보는 것까지 안 하는 게 없다.

12 我们几点出发?

우리 몇 시에 출발합니까?

● 기본 문법 및 문형

1 │ 시간의 표현법

现在 + 수사 + 点 + 수사 + 分

现在 + 六 + 点 + 十 + 分。　　지금 6시 10분입니다.

••• 참고로 "지금은 몇 시입니까?"는 "现在几点?"이라고 하면 된다.

差 + 수사 + 分 + 수사 + 点

差 + 五 + 分 + 六 + 点。　　5분 전 6시.

••• 여기서 "差"는 "부족하다"라는 뜻으로, 대개 "10~15분 전"을 표현할 때 많이 사용한다.

2 │

一刻 yíkè　　　15분

三刻 sānkè　　　45분

半 bàn　　　　　30분

3 │ "点 시", "时间 시간", "小时 시간"의 비교

(1) "点"은 구체적인 시간을 표현할 때 사용한다.

　　예 "几点? 몇 시?", "3点 3시"

(2) "时间"은 명사로 쓰인다.

　　예 "多长时间? 얼마동안?", "没有时间 시간이 없다"

(3) "小时"는 시간의 길이를 나타낸다.

　　예 "几个小时? 몇 시간?", "一个小时 한 시간"

133

기초 세우기

◉ **시간의 표현법**

現在 + 수사 + 点 + 수사 + 分
現在 + 六 + 点 + 十 + 分。
지금 6시 10분입니다.

Ⓐ 現在 几 点?
Xiànzài jǐ diǎn?

지금 몇 시입니까?

Ⓑ 現在 六 点 十 分。
Xiànzài liù diǎn shí fēn.

지금 6시 10분입니다.

Ⓐ 我们 几 点 出发?
Wǒmen jǐ diǎn chūfā?

우리 몇 시에 출발합니까?

Ⓑ 七 点 半 出发。
Qī diǎn bàn chūfā.

7시 반에 출발합니다.

Ⓐ 会 不 会 太 晚? 我们 还是 早点儿 出发 吧.
Huì bu huì tài wǎn? Wǒmen háishi zǎodiǎnr chūfā ba
너무 늦지 않을까요? 좀 일찍 출발하는 게 좋을 것 같은 데요.

Ⓑ 十一 点 半 的 飞机, 着 什么 急。
Shíyī diǎn bàn de fēijī, zháo shénme jí.
11시 반 비행기인데, 급하긴 뭐가 급해요.

⁺NEW | 새단어

点 diǎn 명사. (시간의) 시
分 fēn 명사. (시간의) 분
出发 chūfā 동사. 출발하다

半 bàn 반
早点儿 zǎodiǎnr 일찍
飞机 fēijī 명사. 비행기

着急 zháojí 동사. 조급해하다
着什么急 zháo shénme jí
급하긴 뭐가 급해

✤ **중국어의 기초를 다져주는 해설 한마디**

"着急"는 "조급해 하다 "라는 뜻이고, "着什么急?"는 "뭐가 급하나?" 즉, "급할 필요가 없다"는 뜻이다.

◉ 시간의 표현법

差 + 주어 + 分 + 주어 + 点

差 + 五 + 分 + 六 + 点。

5분 전 6시.

(A) 你 早上 几 点 起床?
　　Nǐ　zǎoshang　jǐ　diǎn　qǐchuáng?

아침 몇 시에 기상합니까?

(B) 差 五 分 六 点。
　　Chà　wǔ　fēn　liù　diǎn.

5분 전 6시요.

(A) 几 点 上班?
　　Jǐ　diǎn　shàngbān?

몇 시에 출근합니까?

(B) 九 点 上班。
　　Jiǔ　diǎn　shàngbān.

9시에 출근합니다.

(A) 几 点 下班?
　　Jǐ　diǎn　xiàbān?

몇 시에 퇴근합니까?

(B) 六 点 下班。
　　Liù　diǎn　xiàbān.

6시에 퇴근합니다.

(A) 晚上 几 点 睡觉?
　　Wǎnshang　jǐ　diǎn　shuìjiào?

저녁 몇 시에 주무십니까?

(B) 晚上 十二 点 睡觉。
　　Wǎnshang　shí'èr　diǎn　shuìjiào.

저녁 12시에 잡니다.

+NEW | 새단어

早上　zǎoshang　명사. 아침
几点　jǐ diǎn　몇 시
起床　qǐchuáng　동사. 기상하다
差　chà　동사. 부족하다
上班　shàngbān　동사. 출근하다
下班　xiàbān　동사. 퇴근하다
晚上　wǎnshang　명사. 저녁
睡觉　shuìjiào　동사. 잠자다

❖ 중국어의 기초를 다져주는 해설 한마디

"点"은 구체적인 시간을 표현할 때 사용한다.
　예 "几点? 몇 시?", "3点 3시"

"时间"은 명사로 쓰인다.
　예 "多长时间? 얼마동안?", "没有时间? 시간이 없다"

"小时"는 시간의 길이를 나타낸다.
　예 "几个小时? 몇 시간?", "一个小时 한 시간"

응용하기

A 银行 几 点 关门?
Yínháng jǐ diǎn guānmén?

은행은 몇 시에 문을 닫습니까?

B 四 点 半。
Sì diǎn bàn.

4시 반요.

A 现在 几 点?
Xiànzài jǐ diǎn?

지금 몇 시죠?

B 现在 四 点 零 五 分。
Xiànzài sì diǎn líng wǔ fēn.

지금 4시 5분입니다.

A 哎呀, 晚 了, 我 得 去 银行 办 点儿 事儿。
Āiyā, wǎn le, wǒ děi qù yínháng bàn diǎnr shìr.
어머나, 늦었네요, 은행에 볼 일 있어 가야 하는 데.

B 现在 去, 来得及。
Xiànzài qù, láidejí.

지금 가면 늦지 않을 겁니다.

A 会 不 会 堵车?
Huì bu huì dǔchē?

차가 막히지 않을까요?

B 那 你 就 坐 地铁 去 吧。
Nà nǐ jiù zuò dìtiě qù ba.

그럼 지하철을 타고 가세요.

+ΠEW | 새단어

银行 yínháng 명사. 은행
关门 guānmén 동사. 문을 닫다
零 líng 수사. 영
哎呀 āiyā 감탄사. 어머나
晚 wǎn 형용사. 늦다
晚了 wǎn le 늦었다

办事儿 bànshìr 동사. 일을 처리하다
办点儿事儿 bàn diǎnr shìr 볼 일 좀 보다
来得及 láidejí 늦지 않다
堵车 dǔchē 동사. 차가 막히다
地铁 dìtiě 명사. 지하철

단어 익히기

◉ 주어진 단어로 빈칸을 채워보세요.

❶ 现在(xiànzài 현재)

_____(현금), _____(현실적이다), _____(현대 ↔ 고대),

_____(현장)

▶▶▶ A 现实
xiànshí
B 现金
xiànjīn
C 现场
xiànchǎng
D 现代 ↔ 古代
xiàndài   gǔdài

❷ 出发(chūfā 출발하다)

_____(출납), _____(출중하다) , _____(출판하다)

▶▶▶ A 出纳   B 出版
chūnà   chūbǎn
C 出众
chūzhòng

❸ 着急(zháojí 조급해 하다)

_____(~에 사로잡히다), _____(감기에 걸리다),

_____(불나다)

▶▶▶ A 着火
zháohuǒ
B 着凉
zháoliáng
C 着迷
zháomí

❹ 上班(shàngbān 출근하다)

_____(차에 오르다 ↔ 차에서 내리다),

_____(학교에 가다 ↔ 방과하다), _____(지난 번 ↔ 다음 번),

_____(위층으로 올라가다 ↔ 아래층으로 내려가다),

_____(수업하다 ↔ 수업이 끝나다)

▶▶▶ A 上课 ↔ 下课
shàngkè   xiàkè
B 上车 ↔ 下车
shàngchē   xiàchē
C 上学 ↔ 放学
shàngxué   fàngxué
D 上楼 ↔ 下楼
shànglóu   xiàlóu
E 上次 ↔ 下次
shàngcì   xiàcì

从你家到你们单位要多长时间?

집에서 회사까지 얼마나 걸리나요?

Ⓐ **你 住 在 哪儿?**
Nǐ zhù zài nǎr?

어디에서 사세요?

Ⓑ **我 住 在 浦东。**
Wǒ zhù zài Pǔdōng.

푸뚱에서 살아요.

Ⓐ **你们 单位 在 哪儿?**
Nǐmen dānwèi zài nǎr?

당신의 회사는 어디에 있나요?

Ⓑ **我们 单位 在 浦西。**
Wǒmen dānwèi zài Pǔxī.

회사는 푸씨에 있어요.

Ⓐ **从 你 家 到 你们 单位 要 多长 时间?**
Cóng nǐ jiā dào nǐmen dānwèi yào duōcháng shíjiān?
집에서 회사까지 얼마나 걸려요?

Ⓑ **开车 要 三十 分钟, 坐 地铁 只 要 二十 分钟。**
Kāichē yào sānshí fēnzhōng, zuò dìtiě zhǐ yào èrshí fēnzhōng.
운전하면 30분 정도 걸리고, 지하철을 타면 20분 밖에 걸리지 않아요.

Ⓐ **真 羡慕 你 啊! 我 每天 上下班 要 两 个 多 小时。**
Zhēn xiànmù nǐ a! Wǒ měitiān shàngxiàbān yào liǎng ge duō xiǎoshí.
정말 부럽네요! 저는 매일 출·퇴근하는데 2시간 넘게 걸립니다.

Ⓑ **我 劝 你 呀, 还是 搬家 吧。**
Wǒ quàn nǐ ya, háishi bānjiā ba.
제가 권고하는 데요, 이사하는 편이 나을 겁니다.

+NEW | 새단어

住 zhù 동사. 살다
住在 zhùzài ~에서 살다
单位 dānwèi 명사. 회사
浦东 Pǔdōng 명사. 푸뚱(지명)
浦西 Pǔxī 명사. 푸씨(지명)
从…到… cóng…dào… ~로부터 ~까지

要 yào 동사. (시간이) 필요하다
分钟 fēnzhōng 명사. (시간의) 분
上下班 shàngxiàbān 출·퇴근
劝 quàn 동사. 권하다
搬家 bānjiā 동사. 이사하다

❖ 중국어의 기초를 다져주는 해설 한마디

"从…到…"는 시간과 장소의 기점과 종점을 모두 나타낼 수 있다.
즉, "从+장소(시간)+到+장소(시간)"의 형식을 이룬다.

그림을 통해 익히는 중국어

◉ 반대말 익히기

▶ **出发** 출발하다
chūfā

▶ **到达** 도착하다
dàodá

▶ **睡觉** 잠자다
shuìjiào

▶ **起床** 기상하다
qǐchuáng

▶ **开会** 회의를 열다
kāihuì

▶ **散会** 회의를 마치다
sànhuì

▶ **坐** 앉다
zuò

▶ **站** 서다
zhàn

▶ **走** 걷다
zǒu

▶ **跑** 뛰다
pǎo

▶ **吃** 먹다
chī

▶ **吐** 게우다
tù

▶ **丢** 잃어버리다
diū

▶ **捡** 줍다
jiǎn

▶ **入学** 입학하다
rùxué

▶ **毕业** 졸업하다
bìyè

▶ **哭** 울다
kū

▶ **笑** 웃다
xiào

활용하기

A 你 老家 是 哪儿?
Nǐ lǎojiā shì nǎr?

당신의 고향은 어디세요?

B 我 老家 是 山东。
Wǒ lǎojiā shì Shāndōng.

제 고향은 싼뚱입니다.

A 离 这儿 很 远 啊!
Lí zhèr hěn yuǎn a.

여기서 머네요!

B 是 啊, 坐 火车 要 十六 个 小时。
Shì a, zuò huǒchē yào shíliù ge xiǎoshí.

네, 기차를 타면 16시간 걸립니다.

A 坐 飞机 大概 多长 时间?
Zuò fēijī dàgài duōcháng shíjiān?

비행기를 타면 대략 얼마나 걸리죠?

B 大概 三 个 小时 左右。
Dàgài sān ge xiǎoshí zuǒyòu.

대략 3시간 정도요.

A 那 你 每年 春节 回 老家 吗?
Nà nǐ měinián Chūnjié huí lǎojiā ma?

매년 음력설에 고향에 갑니까?

B 不 回 老家。
Bù huí lǎojiā.

고향에 가지 않습니다.

A 为什么?
Wèishénme?

왜요?

B 我 父母 跟 我 住 在 一起。
Wǒ fùmǔ gēn wǒ zhù zài yìqǐ.

부모님이 저희랑 같이 사시거든요.

A 那 你 老家 还有 什么 人?
Nà nǐ lǎojiā háiyǒu shénme rén?

그럼 고향에는 누가 계시죠?

B 只有 一 个 姑母。
Zhǐyǒu yí ge gūmǔ.

고모님 한 분만 계십니다.

+NEW | 새단어

老家 lǎojiā 명사 고향
山东 Shāndōng 명사 싼뚱(지명)
离 lí 개사 ~에서
每年 měinián 명사 매년
春节 chūnjié 명사 음력설
跟 ~住在一起 gēn ~zhùzài yìqǐ ~와 같이 살다
姑母 gūmǔ 명사 고모
左右 zuǒyòu 명사 가량, 내외

❖ **중국어의 기초를 다져주는 해설 한마디**

"离"가 공간적 길이를 나타낼 때는 "(장소) + 离 + 장소 + 형용사"의 형식을 이루고, 시간적인 길이를 나타낼 때는 "离 + 동사 + 还有 + 구체적인 시간"의 형식을 이룬다.

예 我家离公司很远。 우리 집은 회사와 거리가 멀다.
离下班还有两小时。 퇴근하려면 아직 2시간 남았다.

서술하기

我家　离　单位　很　远，每天　上班　的　时候　要　一　个　多　小时，
Wǒjiā　lí　dānwèi　hěn　yuǎn, měitiān shàngbān de shíhou yào yí ge duō xiǎoshí,

下班　的　时候　又　要　一　个　多　小时，
xiàbān de shíhou yòu yào yí ge duō xiǎoshí,

每天　回到　家　里　特别(특히) 累。
měitiān huídào jiā lǐ tèbié lèi.

所以　我　打算(~할 예정이다) 搬家，
Suǒyǐ wǒ dǎsuàn bānjiā,

搬到　离　单位　近　一点儿　的　地方，
bāndào lí dānwèi jìn yìdiǎnr de dìfang,

但是　我们　单位　附近　的　房子　都　很　贵，
dànshì wǒmen dānwèi fùjìn de fángzi dōu hěn guì,

我　没有　那么　多　钱，真　愁人(걱정스럽다)。
wǒ méiyǒu nàme duō qián, zhēn chóurén.

➤ 오늘의 한 마디 ➤

①

你　怎么　了？
Nǐ zěnme le?
너 왜 그래?

我　跟　她　吹　了。
Wǒ gēn tā chuī le.
나, 그 여자랑 헤어졌어.

②

对不起，我　忘　了。
Duìbuqǐ, wǒ wàng le.
미안해, 나 깜박했어.

말하기 연습

1 그림을 보고, 말하기 연습을 해보세요.

❶ 现在_____点_____分。

❷ 现在_____点_____分。

❸ 现在差_____分_____点。

2 실제 상황에 맞게 말하기 연습을 해보세요.

❶ 다음 문형을 이용하여 본인의 하루 일과를 말해 보세요.

我_____点_____, _____点_____, _____点_____……

❷ 다음 문형을 이용하여 일문일답 회화 연습을 해보세요.

A : 从你家到你们公司要多长时间?

B : 开车要_____分钟, 坐地铁只要_____分钟。

마무리 연습 문제

✳ 올바른 문장을 골라 보세요.

❶
A 现在差十分七点，我们二十分钟以后就出发。
B 现在十分差七点，我们二十分钟以后就出发。
C 现在差十分七点，我们就出发二十分钟以后。

❷
A 哎呀，晚了，我得去银行事儿办一点儿。
B 哎呀，晚了，我得去银行办点儿事儿。
C 哎呀，晚了，我得办点儿事儿去银行。

❸
A 离你家到你们单位要多长时间？
B 从你家离你们单位要多长时间？
C 从你家到你们单位要多长时间？

❹
A 开车要二十分钟，坐地铁只要十分钟。
B 开车只要二十分钟，坐地铁要十分钟。
C 开车二十分钟要，坐地铁十分钟只要。

❺
A 真羡慕你呀，我每天上下班要两个小时多。
B 真羡慕你呀，我每天上下班两个多小时要。
C 真羡慕你呀，我每天上下班两个多小时。

중국의 주요 교통 수단

❶ 자전거(自行车 zìxíngchē)

중국인들은 자전거를 주 교통 수단으로 자주 이용한다. 학생들이 등교할 때나 직장인들이 출·퇴근할 때, 보통 하루 1~2시간 정도 자전거를 탄다. 따라서 중국에서 자전거는 생활의 일부이다.

중국의 거리는 자전거가 있기에 더욱 이색적이다. 짧은 미니스커트를 입고 자전거를 타고 다니는 아가씨들의 아찔아찔한 모습, 자전거 뒤에 물건을 산더미 같이 싣고 다니는 아저씨들, 그리고 여자 친구를 자전거 뒤에 태우고 다니는 젊은이들의 행복한 모습 등은 정말로 소박하고 아름답다.

중국의 자전거는 번호판이 있으며, 일년에 한 번씩 정기 점검도 받아야 한다. 그리고 자전거를 전문적으로 세워 두는 유료 자전거 보관소(存车处 cún chē chù)도 따로 있다.

❷ 기차(火车 huǒchē)

중국의 국토 면적은 약 960만 평방미터이며, 이는 남북한의 40·50배 정도 된다. 이렇게 넓은 땅에서 기차를 타게 되면 보통은 10시간, 멀면 20~30시간 정도 걸린다. 따라서 중국의 기차는 식당은 물론 침대칸까지 있다.

(1) 软卧 ruǎnwò : 4인 1실로, 침대 4개가 상·하로 되어 있다. 시설이 좋은 만큼 가격도 비싸다.

(2) 硬卧 yìngwò : 침대가 상, 중, 하 3단이고, 차량 한 대가 모두 침대로 되어 있다. 인원 수는 약 20~30명 정도가 된다.

(3) 软座 ruǎnzuò : 한국 새마을호와 비슷하며, 통로가 넓고 의자가 편하다.

(4) 硬座 yìngzuò : 가장 일반적이고 싼 좌석이다. 딱딱한 나무로 만들어진 고정 의자이기 때문에 장시간 이용 시 아주 불편하다.

13 能不能便宜点儿?

싸게 해줄 수 있나요?

● 기본 문법 및 문형

1 **수량사 술어문**

사물 + **多少钱?**

这个 + 多少钱?   이것은 얼마입니까?

••• 여기서 "这个"는 "이거"라는 뜻으로 주어가 되고, "多少钱"는 "얼마입니까"라는 뜻으로 술어의 역할을 하고 있다.
이 문장에 "是"가 들어가면 틀린 표현이다.

2

사물 + 수사 + 금전의 단위 + 수사 + 금전의 단위(**钱**)

这个 + 两 + 千 + 八百 + 块(钱)。

이것은 2천 8백원입니다.

3 **금전의 단위**

서면에서는 "元, yuán 원", "角, jiǎo 10전", "分, fēn 전"을 사용하고,

회화에서는 "块, kuài 원", "毛, máo 10전", "分, fēn 전"을 사용한다.

145

기초 세우기

사물 + 多少钱?
这个 + 多少钱?
이것은 얼마여요?

사물 + 수사 + 금전의 단위 + 수사 + 금전의 단위(钱)
这个 + 两 + 千 + 八百 + 块(钱)。
이것은 2천 8백원입니다.

Ⓐ **这 个 多 少 钱?**
Zhè ge duōshao qián?

이것은 얼마여요?

Ⓑ **两 千 八 百 块 钱。**
Liǎng qiān bā bǎi kuài qián.

2천 8백원입니다.

Ⓐ **那 个 多 少 钱?**
Nà ge duōshao qián?

저것은 얼마여요?

Ⓑ **那 个 两 千 五。**
Nà ge liǎng qiān wǔ.

저것은 이천오백원입니다.

Ⓐ **有 没 有 更 便 宜 的?**
Yǒu méi yǒu gèng piányi de?

더 싼 것은 없나요?

Ⓑ **对不起, 好像 没 有。**
Duìbuqǐ, hǎoxiàng méi yǒu.

미안합니다, 없는 것 같아요.

+new | 새단어

多少 duōshao 대사. 얼마
钱 qián 명사. 돈
千 qiān 수사. 천
百 bǎi 수사. 백

块 kuài 명사. (돈의) 원
更 gèng 부사. 더
便宜 piányi 형용사. 싸다
便宜的 piányi de 싼 것

Ⓐ 白菜 怎么 卖?
Báicài zěnme mài?

배추는 어떻게 파나요?

Ⓑ 一 斤 三 块 四。
Yì jīn sān kuài sì.

한 근에 3원 40전입니다.

Ⓐ 能 不 能 便宜 点儿?
Néng bu néng piányi diǎnr?

좀 싸게 할 수 없나요?

Ⓑ 你 买 多少?
Nǐ mǎi duōshao?

얼마나 사실 건데요?

Ⓐ 我 买 二十 斤。
Wǒ mǎi èrshí jīn.

20근 사려고요.

Ⓑ 买 这么 多, 算 你 两 元 五 角 一 斤。
Mǎi zhème duō, suàn nǐ liǎng yuán wǔ jiǎo yì jīn.

그렇게 많이 사려고요. 2원 50전에 드릴게요.

还 要 别的 吗?
Hái yào biéde ma?

또 필요한 것 없나요?

Ⓐ 不 要 了。一共 多少 钱?
Bú yào le. yígòng duōshao qián?

됐어요. 모두 얼마여요?

Ⓑ 一共 五十 元。
Yígòng wǔshí yuán.

모두 50원입니다.

Ⓐ 给 你 钱。
Gěi nǐ qián.

돈, 여기 있습니다.

+new | 새단어

白菜 báicài 명사. 배추
卖 mài 동사. 팔다
斤 jīn 양사. 근
算 suàn 동사. ~로 하다, 간주하다
元 yuán 양사. (돈의) 원
角 jiǎo (돈의) 10전
别的 biéde 명사. 다른 것

不要了 bú yào le 됐어요
一共 yígòng 명사, 부사 합계, 전부
给 gěi 동사 주다
给你钱 gěi nǐ qián 돈, 여기 있습니다

❖ 중국어의 기초를 다져주는 해설 한마디

일상 회화에서는 "块원, 毛10전, 分전"을 사용하고, 서면에서는 元원, 角10전, 分전"을 사용한다.
주의 : "一毛/角"는 "10전"이고, "一分"은 "1전"이다.

응용하기

 我 想 预定 房间，不 知道 有 没 有 空 房间。
Wǒ xiǎng yùdìng fángjiān, bù zhīdào yǒu méi yǒu kòng fángjiān.
방을 예약하려고 하는 데요, 빈 방이 있는 지 모르겠네요.

 什么 时候 的? 　　　　　　　　　　언제 것인데요?
Shénme shíhou de?

 这 个 周末。 　　　　　　　　　　이번 주말요.
Zhè ge zhōumò.

 你 想 要 什么样 的 房间? 　　어떤 방을 원하십니까?
Nǐ xiǎng yào shénmeyàng de fángjiān?

 一 个 双人 房间，一 个 单人 房间。
Yí ge shuāngrén fángjiān, yí ge dānrén fángjiān.
1인실 하나 하고요, 2인실 하나요.

价钱 么, 四 百 块 钱 左右 的 就 可以 了。
Jiàqian me, sì bǎi kuài qián zuǒyòu de jiù kěyǐ le.
가격은 400원 정도면 됩니다.

 你 有 我们 酒店 的 贵宾卡 没 有?
Nǐ yǒu wǒmen jiǔdiàn de guìbīnkǎ méi yǒu?
우리 호텔의 VIP 카드 있으세요?

 有 啊。 　　　　　　　　　　　　있어요.
Yǒu a.

 那 我们 可以 给 你 打 八 折。
Nà wǒmen kěyǐ gěi nǐ dǎ bā zhé.
그럼 20% 할인 받으실 수 있습니다.

+NEW 새단어

预定 yùdìng 동사. 예약하다
空 kòng 형용사. 비다
房间 fángjiān 명사. 방
什么样 shénmeyàng 어떤
双人 shuāngrén 2인
单人 dānrén 1인
双人房间 shuāngrén fángjiān 명사. 2인실
价钱 jiàqian 명사. 가격

就可以了 jiù kěyǐ le ~하면 됩니다
酒店 jiǔdiàn 명사. 호텔, 주점
贵宾卡 guìbīnkǎ VIP카드
打折 dǎzhé 동사. 할인하다
打八折 dǎ bā zhé 20% 할인하다

❖ 중국어의 기초를 다져주는 해설 한마디

"有……没有?"와 "有……吗?"는 모두 "……이 있습니까?"라는 뜻
을 나타낸다.

단어 익히기

⊙ 주어진 단어로 빈칸을 채워보세요.

❶ 便宜 (piányi 싸다)

＿＿＿＿＿＿＿(변비),   ＿＿＿＿＿＿＿(편리하다),   ＿＿＿＿＿＿＿(일반 식사)

❷ 好玩儿 (hǎowánr 재미있다)

＿＿＿＿＿＿＿(편안하게 느끼다 ↔ 견딜 수 없다),

＿＿＿＿＿＿＿(듣기 좋다 ↔ 듣기 싫다),   ＿＿＿＿＿＿＿(맛있다 ↔ 맛없다),

＿＿＿＿＿＿＿(이쁘다 ↔ 안 이쁘다)

❸ 面条儿 (miàntiáor 국수)

＿＿＿＿＿＿＿(면접),   ＿＿＿＿＿＿＿(면담),   ＿＿＿＿＿＿＿(빵)

❹ 泡菜 (pàocài 김치)

＿＿＿＿＿＿＿(야채),   ＿＿＿＿＿＿＿(배추),   ＿＿＿＿＿＿＿(뜨거운 요리 ↔ 냉채),

＿＿＿＿＿＿＿(시금치)

❺ 色 (sè 색)

＿＿＿＿＿＿＿(색상),   ＿＿＿＿＿＿＿(무늬와 색깔),   ＿＿＿＿＿＿＿(안색)

❻ 最新 (zuìxīn 최신)

＿＿＿＿＿＿＿(최종),   ＿＿＿＿＿＿＿(최대↔최소),   ＿＿＿＿＿＿＿(최초 ↔ 최후),

＿＿＿＿＿＿＿(최고 ↔ 최저)

보기

▶▶▶ A 便利 biànlì   B 便秘 biànmì   C 便饭 biànfàn

▶▶▶ A 好吃 hǎochī ↔ 难吃 nánchī
B 好看 hǎokàn ↔ 难看 nánkàn
C 好听 hǎotīng ↔ 难听 nántīng
D 好受 hǎoshòu ↔ 难受 nánshòu

▶▶▶ A 面包 miànbāo   B 面谈 miàntán   C 面试 miànshì

▶▶▶ A 菠菜 bōcài   B 蔬菜 shūcài
C 白菜 báicài
D 热菜 rècài ↔ 凉菜 liángcài

▶▶▶ A 脸色 liǎnsè   B 颜色 yánsè
C 花色 huāsè

▶▶▶ A 最初 zuìchū ↔ 最后 zuìhòu
B 最大 zuìdà ↔ 最小 zuìxiǎo
C 最高 zuìgāo ↔ 最低 zuìdī
D 最终 zuìzhōng

请跟我来。
저를 따라 오세요.

활용하기

A 小姐, 你 想 买 什么?
Xiǎojie,　nǐ xiǎng mǎi shénme?

아가씨, 무엇을 사려고합니까?

B 随便 转转。
Suíbiàn　zhuànzhuan.

그냥 구경하려고요.

A 你 看 这 件 衣服 怎么样?
Nǐ kàn zhè jiàn yīfu zěnmeyàng?

당신이 보건데, 이 옷 어떠세요?

B 多少 钱?
Duōshao qián?

얼마여요?

A 两 千 五 百 块 钱。
Liǎng qiān wǔ bǎi kuài qián.

2,500원입니다.

B 太 贵 了。
Tài guì le.

너무 비싸요.

A 那 你 试 试 这 件, 是 最新 款式。
Nà nǐ shì shi zhè jiàn, shì zuìxīn kuǎnshì.
그럼 이 옷을 입어 보세요, 최신 디자인입니다.

B 看上去 还 不错。试衣间 在 哪儿?
Kànshangqù hái búcuò. Shìyījiān zài nǎr?
보기엔 괜찮은 것 같은 데요, 옷을 입어 보는 곳은 어디죠?

A 就 在 前边, 请 跟 我 来。
Jiù zài qiánbiān, qǐng gēn wǒ lái.
바로 앞에 있습니다. 저를 따라 오세요.

+NEW | 새단어

随便 suíbiàn 동사. 마음대로
转转 zhuànzhuan 동사. 돌아다니다
件 jiàn 양사. (옷, 일 등을 셀 때 쓰임)
衣服 yīfu 명사. 옷
贵 guì 형용사. 비싸다
试 shì 동사. 해보다
试试 shìshi 좀 입어보다

最新 zuìxīn 최신
款式 kuǎnshì 명사. 디자인
看上去 kànshangqù 보건데
试衣间 shìyījiān 명사. 옷을 입어 보는 곳
跟 gēn 동사. 따르다
跟我来 gēn wǒ lái 저를 따라 오세요

그림을 통해 익히는 중국어

黄瓜
huángguā
오이

地瓜
dìguā
고구마

南瓜
nánguā
호박

菠菜
bōcài
시금치

卷心菜
juǎnxīncài
양배추

白菜
báicài
배추

萝卜
luóbo
무

胡萝卜
húluóbo
당근

土豆儿
tǔdòur
감자

서술하기

我 一般 去 大型 超市(대형 마트) 买 东西,
Wǒ yìbān qù dàxíng chāoshì mǎi dōngxi,

那儿 的 东西 又 便宜 又 好。
nàr de dōngxi yòu piányi yòu hǎo.

特别是 蔬菜(야채) 和 水果(과일) 非常 新鲜(신선하다),
Tèbiéshì shūcài hé shuǐguǒ fēicháng xīnxian

日用品(일용품) 的 种类(종류) 也 非常 多。
rìyòngpǐn de zhǒnglèi yě fēicháng duō.

每个 星期天 我们 全家人(전 가족) 一起 去 大型 超市 买 东西,
Měige xīngqītiān wǒmen quánjiārén yìqǐ qù dàxíng chāoshì mǎi dōngxi,

有时 还 在 那里 吃饭。
yǒushí hái zài nàlǐ chīfàn.

➤ 오늘의 한 마디 ⬅

①

八 千 块。
Bā qiān kuài
8,000원입니다.

你 宰 人 啊!
Nǐ zǎi rén a!
당신 바가지 씌우는 것
아닙니까!

②

欢迎 光临!
Huānyíng guānglín!
어서 오세요!

欢迎 光临!
Huānyíng guānglín!
어서 오세요!

말하기 연습

1 그림을 보고 말하기 연습을 해보세요.

25,000

一个比萨饼(bǐsàbǐng, 피자) _____元,

800

一杯可乐(kělè, 콜라) _____元,

15,000

一碗意大利面条儿(yìdàlì miàntiáor, 스파게티) _____元。

一共 _____元。

2 실제 상황에 맞게 말하기 연습을 해보세요.

❶ 자신이 입고 있는 옷의 가격을 말해 보세요.

我的衣服 _____元, 裤子(kùzi, 바지) _____元,
皮鞋(píxié, 구두) _____元。

* 보충 단어 : 领带 lǐngdài 넥타이 ∣ 西服 xīfú 양복 ∣ 裙子 qúnzi 치마 ∣ 手表 shǒubiǎo 손목시계 ∣ 袜子 wàzi 양말 ∣
手提包 shǒutíbāo 핸드백

마무리 연습 문제

✳ 올바른 문장을 골라 보세요.

1
A 没有更便宜的?
B 有没有更便宜的?
C 有没有也便宜的?

2
A 你我们酒店的贵宾卡没有?
B 你有我们酒店的贵宾卡没有?
C 你我们酒店的贵宾卡?

3
A 就是前边, 请跟我来。
B 就在前边, 请跟我来。
C 就在前边, 跟我请来。

4
A 能不能便宜点儿?
B 能不能更便宜点儿?
C 能不能更便宜?

5
A 我们可以给你八折。
B 我们给你打八折可以。
C 我们可以给你打八折。

6
A 你看这件衣服怎么样?
B 你看这衣服怎么样?
C 你这件衣服看怎么样?

7
A 颜色有点儿深。
B 颜色深有点儿。
C 颜色一点儿深。

8
A 四百块钱的左右就可以了。
B 四百块钱左右的就可以了。
C 四百块钱就左右的可以了。

9
A 一斤三块钱。
B 一斤三钱。
C 一斤三块元。

14 我不会喝酒。

저는 술을 마실 줄 모릅니다.

● 기본 문법 및 문형

1 ### 조동사 "会, ~할 줄 안다"

긍정형   주어 + 会 + 동사 + (목적어)

我 + 会 + 打 + 网球。   테니스를 칠 줄 안다.

••• 조동사 "会"는 다른 동사 앞에 와야 한다.

부정형   주어 + 不 + 会 + 동사 + (목적어)

我 + 不 + 会 + 游泳。   수영을 할 줄 모른다.

••• 조동사 "会"의 부정은 "不会"이다.

2 ### 조동사 "会, ~할 가능성이 있다"

긍정형   주어 + 会 + 동사 + (목적어)

他 + 会 + 来。   그는 아마 올 거야.

••• 여기서 "会"는 추측을 나타냄.

부정형   주어 + 不 + 会 + 동사 + (목적어)

今天 + 不 + 会 + 下雨。   오늘 비가 안 올 거야.

3 一 + 동사 + (목적어) + 就 + 동사 + (목적어)

一 + 下班 + 就 + 回家。   퇴근하면 곧바로 집으로 돌아갑니다.

••• "一 …… 就"는 두 개의 행동이 곧바로 이어짐을 나타냄.

기초 세우기

● 조동사 "会 1"(~할 줄 알다)

주어 + 会 + 동사 + (목적어)

我 + 会 + 打 + 网球。
테니스를 칠 줄 안다.

주어 + 不 + 会 + 동사 + (목적어)

我 + 不 + 会 + 游泳。
수영을 할 줄 모른다.

Ⓐ 你 会 游泳 吗?
Nǐ huì yóuyǒng ma?

수영을 할 줄 아세요?

Ⓑ 不 会, 我 从 小 怕 水。
Bú huì, wǒ cóng xiǎo pà shuǐ.
모릅니다. 어릴 때부터 물을 무서워했어요.

Ⓐ 那 你 会 打 网球 吗?
Nà nǐ huì dǎ wǎngqiú ma?

그럼 테니스를 칠 줄 아세요?

Ⓑ 会 啊, 而且 非常 喜欢。
Huì a, érqiě fēicháng xǐhuan.

알죠, 게다가 아주 좋아합니다.

Ⓐ 学 网球 难 不 难?
Xué wǎngqiú nán bu nán?

테니스를 배우는 것은 어렵지 않나요?

Ⓑ 不 难, 我 可以 教 你。
Bù nán, wǒ kěyǐ jiāo nǐ.
어렵지 않아요, 제가 가르쳐 드릴 수도 있습니다.

+new 새단어

会 huì 조동사. 할 줄 알다
游泳 yóuyǒng 동사. 수영하다
从小 cóngxiǎo 부사. 어릴 때부터
怕 pà 동사. 두려워하다
水 shuǐ 명사. 물
打 dǎ 동사. (놀이, 운동 등을) 하다
网球 wǎngqiú 명사. 테니스
而且 érqiě 접속사. 게다가

学 xué 동사. 배우다
可以 kěyǐ 조동사. ~할 수도 있다
教 jiāo 동사. 가르치다

✤ 중국어의 기초를 다져주는 해설 한마디

조동사는 반드시 다른 동사 앞에 와야 한다. 따라서 "테니스를 칠 줄 안다"라고 할 때 "我会打网球"라고 해야 한다. 그리고 한 문장에 조동사와 동사가 함께 있을 경우, 부정부사는 반드시 조동사 앞에 와야 한다. 예 "我不会打网球"

一 + 동사 + (목적어) + 就 + 동사 + (목적어)

一 + 下班 + 就 + 回家。

퇴근하면 곧바로 집으로 돌아갑니다.

Ⓐ 来, 喝 一 杯。
Lái, hē yì bēi.

자, 한 잔 하세요.

Ⓑ 我 不 会 喝 酒。
Wǒ bú huì hē jiǔ.

저는 술을 마실 줄 모릅니다.

Ⓐ 男子汉 大丈夫 怎么 可能 不 会 喝酒?
Nánzǐhàn dàzhàngfu zěnme kěnéng bú huì hējiǔ?

사나이가 어떻게 술을 마실 줄 모릅니까?

Ⓑ 我 一 喝酒 就 醉。
Wǒ yì hējiǔ jiù zuì.

저는 술만 마시면 취합니다.

Ⓐ 少 喝 点儿, 不 会 有 事 的。
Shǎo hē diǎnr, bú huì yǒu shì de.

조금만 드세요, 괜찮을 거예요.

Ⓑ 那 你 送 我 回家 啊?
Nà nǐ sòng wǒ huíjiā a?

그럼 당신이 저를 집까지 바래다 주실 건가요?

Ⓐ 包 在 我 身 上。
Bāo zài wǒ shēn shang.

제가 책임지겠습니다.

+NEW 새단어

杯 bēi 양사. 잔
男子汉 nánzǐhàn 명사. 사나이
大丈夫 dàzhàngfu 명사. 대장부
可能 kěnéng 조동사. 가능하다
一……就 yī……jiù ~하자 바로 ~하다
醉 zuì 동사. 취하다
会……的 huì……de ~할 것이다

送 sòng 동사. 바래다주다
啊 a 조사. 의문을 나타냄
包 bāo 동사. 도맡다
身上 shēnshang 몸에

❖ **중국어의 기초를 다져주는 해설 한마디**

"一……就" 는 하나의 행동이나 상황이 발생한 후에 또 다른 행동
이나 상황이 곧바로 이어짐을 나타낸다.

응용하기

◉ 조동사 "会 2" (~할 가능성이 있다)

주어 + 会 + 동사 + (목적어)	주어 + 不 + 会 + 동사 + (목적어)
他 + 会 + 来。	今天 + 不 + 会 + 下雨。
그는 아마 올 거야.	오늘 비가 안 올 거야.

 今天 会 不 会 下雨?
Jīntiān huì bu huì xiàyǔ?

오늘 비가 올 것 같니?

 我 看 不 会。
Wǒ kàn bú huì.

내가 보기에는 안 올 것 같은 데.

 可是 天气 预报 说 今天 有雨。
Kěshì tiānqì yùbào shuō jīntiān yǒuyǔ.

그런데 일기예보에서 비가 온다고 했어.

 天气 预报 有时 也 不 准。
Tiānqì yùbào yǒushí yě bù zhǔn.

일기예보도 간혹 정확하지 않아.

 那 我 就 不 带 雨伞 了。
Nà wǒ jiù bú dài yǔsǎn le.

그럼 우산을 안 가지고 갈래.

 万一 下雨 怎么 办?
Wànyī xiàyǔ zěnme bàn?

만약 비가 오면 어떻게 하려고?

 那 给 我 找 一 把 雨伞 吧。
Nà gěi wǒ zhǎo yì bǎ yǔsǎn ba.

그럼 우산 하나 찾아 줘.

 好 的, 你 等 一会儿。
Hǎo de, nǐ děng yíhuìr

그래, 잠깐만 기다려.

+new | 새단어

会 huì 조동사. ~할 가능성이 있다
下雨 xiàyǔ 동사. 비가 오다
天气预报 tiānqì yùbào 명사. 일기예보
有时 yǒushí 명사. 간혹, 때로는
准 zhǔn 형용사. 정확하다
不……了 bù……le ~하지 않을 것이다
带 dài 동사. 휴대하다

雨伞 yǔsǎn 명사. 우산
万一 wànyī 접속사. 만일
怎么办 zěnmebàn 어떻게 하지?
找 zhǎo 동사. 찾다
把 bǎ 양사. 우산, 칼 등과 같이 손잡이가 있는 물건을 셀 때 쓰임
等 děng 동사. 기다리다

단어 익히기

🅰 주어진 단어로 빈칸을 채워보세요.

❶ 网球 (wǎngqiú 테니스)

_____(배구), _____(배드민턴), _____(야구)

_____(농구), _____(축구)

❷ 下 (xià 내리다)

_____(눈이 내리다), _____(안개가 끼다),

_____(비가 내리다)

❸ 写 (xiě 쓰다)

_____(소설을 쓰다), _____(책을 쓰다), _____(숙제를 하다)

❹ 头脑 (tóunǎo 두뇌, 머리)

_____(두피), _____(두통), _____(두발),

_____(첫 차 ↔ 막차)

❺ 发达 (fādá 발달하다)

_____(발음), _____(발명), _____(발전), _____(발생)

❻ 节食 (jiéshí 절식)

_____(절약 ↔ 낭비), _____(절전 ↔ 전기를 낭비하다),

_____(절제)

보기

▶▶▶ ᴬ足球 zúqiú   ᴮ排球 páiqiú
ᶜ篮球 lánqiú   ᴰ棒球 bàngqiú
ᴱ羽毛球 yǔmáoqiú

▶▶▶ ᴬ下雨 xiàyǔ   ᴮ下雪 xiàxuě
ᶜ下雾 xiàwù

▶▶▶ ᴬ写书 xiěshū   ᴮ写小说 xiěxiǎoshuō
ᶜ写作业 xiězuòyè

▶▶▶ ᴬ头发 tóufa   ᴮ头皮 tóupí
ᶜ头班车 tóubānchē ↔ 末班车 mòbānchē
ᴰ头疼 tóuténg

▶▶▶ ᴬ发生 fāshēng   ᴮ发明 fāmíng
ᶜ发音 fāyīn   ᴰ发展 fāzhǎn

▶▶▶ ᴬ节制 jiézhì
ᴮ节约 jiéyuē ↔ 浪费 làngfèi
ᶜ节电 jiédiàn ↔ 费电 fèidiàn

그림을 통해 익히는 중국어

老师
lǎoshī
선생님

律师
lǜshī
변호사

厨师
chúshī
요리사

司机
sījī
운전 기사

大夫
dàifu
의사

歌手
gēshǒu
가수

画家
huàjiā
화가

作家
zuòjiā
작가

运动员
yùndòngyuán
운동 선수

서술하기

小李 很 喜欢 运动, 他 会 打 乒乓球、网球、
XiǎoLǐ hěn xǐhuan yùndòng, tā huì dǎ pīngpāngqiú、wǎngqiú、

羽毛球 和 高尔夫球。每 个 周末 他 不是 去 打球,
yǔmáoqiú hé gāo'ěrfuqiú。Měi ge zhōumò tā búshì qù dǎqiú,

就是 去 登山(등산하다)。小王 不 喜欢 运动, 他 喜欢 喝酒、
jiùshì qù dēngshān。 XiǎoWáng bù xǐhuan yùndòng, tā xǐhuan hējiǔ、

唱歌 和 上网(인터넷에 접속하다)。 每 个 周末 他 不是 跟 朋友
chànggē hé shàngwǎng。 Měi ge zhōumò tā búshì gēn péngyou

一起 喝酒, 就是 去 网吧(PC방) 上网。
yìqǐ hējiǔ, jiùshì qù wǎngbā shàngwǎng。

➤ 오늘의 한 마디 ◀

❶
你 怎么 了?
Nǐ zěnme le?
왜 그래요?

我 喝醉 了。
Wǒ hēzuì le.
저 취했어요.

❷
我 敬 你 一 杯。
Wǒ jìng nǐ yì bēi.
제가 한 잔 따라 드릴게요.

谢谢!
Xièxie!
감사합니다.

문법 총정리

① 조동사의 특징

① 조동사는 다른 동사 앞에 와야 한다.

我会打网球。 테니스를 칠 줄 안다.

② 조동사의 부정은 조동사 앞에 "不"를 붙여야 한다.

我不会打网球。 테니스를 칠 줄 모른다.

③ 조동사의 정반 의문문은 조동사의 긍정형과 부정형을 병렬한다.

你会不会打网球? 테니스를 칠 줄 아니?

② 자주 쓰는 조동사

조동사	뜻	긍정형	부정형
想	"~하고 싶다"라는 의미로 주관적인 바람이나 희망을 나타냄.	我想回家。 나는 집에 가고 싶다.	我不想回家吃饭。 나는 집에 가서 밥을 먹고 싶지 않다.
要	"~하려고 하다"의 의미로 "想"보다 더 강한 주관적인 바람이나 희망을 나타냄.	我要去中国留学。 나는 중국에 유학을 가려고 한다.	我不想去中国留学。 나는 중국에 유학을 가고 싶지 않다.
会	"~할 줄 알다"라는 의미로 학습을 통해 어떤 기능에 숙달하게 되었음을 나타냄.	我会游泳。 나는 수영을 할 줄 안다.	我不会游泳。 나는 수영을 할 줄 모른다.
	"~할 것이다"라는 의미로 가능이나 실현을 나타냄.	他一定会来的。 그는 반드시 올 거야.	他不会来的。 그 사람은 안 올 거야.

조동사	뜻	긍정형	부정형
可以	"~해도 된다"라는 뜻으로 환경, 정리상의 허락을 나타냄.	这儿可以抽烟吗? 여기서 담배 피워도 되니?	这儿不可以抽烟。 여기서 담배 피우면 안 돼.
	"~할 수 있는 능력이 되다"	我可以教你。 제가 가르쳐 줄 수도 있어.	
能	"~할 가능성이 있다"라는 뜻.	明天你能来吗? 네일 올 수 있나요?	明天我不能去。 네일 못 가.
	어떤 종류의 능력을 갖추고 있다는 뜻을 나타냄.	我能游五百米。 나는 500미터를 수영해서 갈 수 있다.	我不能游五百米。 나는 500미터를 수영해서 갈 수 없다.
应该	"마땅히"라는 뜻으로 정리상의 당연성을 나타냄.	明天你应该早点儿来。 내일 당연히 일찍 와야 한다.	你不必去。 당신이 갈 필요가 없다.
得	"~ 해야 한다"라는 뜻을 나타냄.	今晚我得加班。 오늘 저녁에는 특근을 해야 한다.	今晚我不用加班。 오늘 저녁에는 특근을 할 필요가 없다.

마무리 연습 문제

✳ 올바른 문장을 골라 보세요.

① A 那给我找一个雨伞吧。
B 那给我找一件雨伞吧。
C 那给我找一把雨伞吧。

② A 男子汉大丈夫怎么可能不会喝酒？
B 男子汉大丈夫怎么不可能会喝酒？
C 男子汉大丈夫怎么可能会喝酒？

③ A 最近我下班回家，所以我爱人非常高兴。
B 最近我一下班回家，所以我爱人非常高兴。
C 最近我一下班就回家，所以我爱人非常高兴。

④ A 我们家人跟我一样，吃饭完就坐在家里看电视。
B 我们家人跟我一样，吃完饭就坐在家里看电视。
C 我们家人跟一样，吃完饭就坐在家里看电视。

⑤ A 那你送我回家阿？
B 那你送我回家呢？
C 那你送我回家吧？

업그레이드
중국어
문법 해설

【양사표】

양사	양사가 나타내고 있는 뜻	결합되어 사용되는 양사
个	개, 명(주로 전용 양사가 없는 명사에 두루 쓰임)	一个人(한 사람) 两个苹果(사과 두 개)
张	종이, 책상, 침대 등과 같이 넓은 표면을 가진 물건	一张纸(종이 한 장) 两张桌子(책상 두 개) 三张床(침대 3개)
把	손잡이가 있는 물건이나 손으로 집는 물건	一把雨伞(우산 하나) 两把刀(칼 두 자루)
只	동물, 선박, 한 조를 이루는 물건 중의 어느 하나	一只狗(개 한 마리) 一只眼睛(한 쪽 눈)
件	상의, 일, 사건 등을 셀 때 쓰임	一件衣服(한 점의 옷) 两件事情(두 가지 일)
支	막대처럼 생긴 물건, 가곡	一支笔(필 하나) 两支烟(담배 두 개피)
条	긴 물건 또는 바지, 치마, 강	一条河(강 한 줄기) 两条裤子(바지 두 장)
台	기기	一台电视(TV 한 대) 两台机器(기계 두 대)
本	책	一本书(책 한 권)

양사	양사가 나타내고 있는 뜻	결합되어 사용되는 양사
斤	무게의 단위	一斤牛肉(소고기 한 근) 两斤白菜(배추 두 근)
口	식구 또는 아가리가 있는 물건	四口人(4식구) 一口井(우물 하나)
套	세트	一套家具(가구 한 세트) 一套衣服(옷 한 벌)
辆	차량을 셀 때 쓰임	一辆汽车(승용차 한 대)
座	건축 또는 건축물과 유사한 고정된 물건을 셀 때 쓰임	一座桥(다리 하나) 一座山(산 하나)
部	기기, 차량, 영화 등을 셀 때 쓰임	一部电话(전화 한 대) 一部电影(영화 한 편)
块	시계, 케이크, 화폐 등을 세는 양사	一块手表(시계 하나) 一块蛋糕(케이크 한 조각) 一块钱(1원)

15 去百货商店怎么走?

백화점에 가려면 어떻게 가야 합니까?

● 기본 문법 및 문형

1 | 去 + 장소 + 怎么+ 走?
去 + 百货商店 + 怎么+ 走?　백화점에 가려면 어떻게 가야 합니까?

••• 여기서 "去……怎么走?"는 길을 물을 때 쓰는 표현으로 "……가려면 어떻게 가야 합니까?"라는 뜻을 지니고 있다.

2 | 先 + 동사, 然后 + (부사) + 동사
先坐公共汽车, 然后再倒地铁。

우선 버스를 타고, 그 다음에 지하철을 바꿔 탑니다.

••• 여기서 "先…, 然后…"는 "우선 …하고, 그 다음에 …한다"라는 뜻을 나타내고 있다.

3 | 동사(시간) + 以后
下班 + 以后。　퇴근 이후

••• "以后"는 동사나 시간 뒤에 모두 올 수 있다.
　　例 下课以后。수업이 끝난 이후.　8点以后。8시 이후.

4 | 从 + 시간(명사) + 开始 + 동사
从 + 九点(명사) + 开始 + 考试。　9시부터 시험을 봅니다.

••• "从……开始"는 "……부터"라는 뜻을 나타낸다.
　　例 从8点开始上课。8시에 수업을 시작합니다.　从我开始。저부터 할게요.

167

기초 세우기

去 + 　장소　 + 怎么 + 走? 　　……가려면 어떻게 가야 합니까?

去 + 百货商店 + 怎么 + 走? 　　백화점에 가려면 어떻게 가야 합니까?

Ⓐ 请问, 去 百货 商店 怎么 走?
Qǐngwèn, qù bǎihuò shāngdiàn zěnme zǒu?
말씀 좀 여쭙겠습니다. 백화점에 가려면 어떻게 가야 합니까?

Ⓑ 一直 往 前 走, 然后 往 右 拐,
Yìzhí wǎng qián zǒu, ránhòu wǎng yòu guǎi,
곧장 앞으로 가세요, 그리고 우측으로 도세요,

到 第 二 个 红绿灯 再 往 左 拐。
dào dì èr ge hónglǜdēng zài wǎng zuǒ guǎi.
그 다음에 두 번째 신호등에서 다시 좌측으로 도세요.

Ⓐ 离 这儿 有 多 远? 　　여기서 얼마나 먼가요?
Lí zhèr yǒu duō yuǎn?

Ⓑ 走路 大概 要 十 分钟。 　걸어서 대략 10분 정도 걸립니다.
Zǒulù dàgài yào shí fēnzhōng.

+NEW | 새단어

请问 qǐngwèn 동사. 말씀 좀 여쭙겠습니다
百货商店 bǎihuò shāngdiàn 명사. 백화점
一直 yìzhí 부사. 곧바로
往 wǎng 개사. ~쪽으로
往前走 wǎng qián zǒu 앞으로 가다
右 yòu 명사. 우
拐 guǎi 동사. 방향을 바꾸다
往右拐 wǎng yòu guǎi 우측으로 돌다

到 dào 동사. 도착하다
第二个 dì èr gè 두 번째
红绿灯 hónglǜdēng 명사. 신호등
再 zài 부사. 다시
左 zuǒ 명사. 좌
多 duō 수사. 얼마
(有)多远? (yǒu)duōyuǎn 얼마나 멉니까?
走路 zǒulù 길을 걷다

先 + 동사, 然后 + (부사) + 동사

우선 …하고, 그 다음에 …한다.

先坐公共汽车, 然后再倒地铁。

우선 버스를 타시고, 그 다음에 지하철을 갈아 타세요.

Ⓐ 请问, 去 韩国 大使馆 得 坐 几 路 车?
Qǐngwèn, qù Hánguó dàshǐguǎn děi zuò jǐ lù chē?
말씀 좀 여쭙겠습니다. 한국대사관에 가려면 몇 번 버스를 타야 합니까?

Ⓑ 先 坐 38 路 公共 汽车, 然后 再 倒 6 路。
Xiān zuò sānshíbā lù gōnggòng qìchē, ránhòu zài dǎo liù lù.
우선 38번 버스를 타시고, 그 다음에 6번을 살아 타세요.

Ⓐ 有 没 有 地铁?
Yǒu méi yǒu dìtiě?
지하철이 있습니까?

Ⓑ 坐 地铁 也 要 倒 车。
Zuò dìtiě yě yào dǎo chē.
지하철을 타도 갈아 타야 합니다.

Ⓐ 没关系, 只要 不 塞车 就 行。
Méiguānxi, zhǐyào bù sāichē jiù xíng.
괜찮아요, 차만 안 막히면 됩니다.

Ⓑ 那 你 可以 先 坐 1 号 地铁,
Nà nǐ kěyǐ xiān zuò yí hào dìtiě,
그럼 우선 지하철 1호선을 타시고,

然后 在 人民 广场 再 倒 2 号 地铁。
ránhòu zài Rénmín guǎngchǎng zài dǎo èr hào dìtiě.
그 다음에 인민광장에서 다시 지하철 2호선을 갈아 타세요.

+ⁿⅇw | 새단어

大使馆 dàshǐguǎn 명사. 대사관
路 lù 양사. (버스) 번
几路车 jǐ lù chē 몇 번 버스
先…然后… xiān…ránhòu… 우선…, 그 다음에…
倒 dǎo 동사. 갈아타다

地铁 dìtiě 명사. 지하철
只要…就… zhǐyào… jiù… 접속사. …하기만 하면 …하다
塞车 sāichē 동사. 차가 막히다
人民 rénmín 명사. 인민
广场 guǎngchǎng 명사. 광장

응용하기

동사(시간) + 以后

下班 + 以后。
퇴근 이후

从 + 시간 + 开始 + 동사

从 + 九点 + 开始 + 考试。
9시부터 시험을 봅니다.

A 我 现在 要 去 你们 那里,
Wǒ xiànzài yào qù nǐmen nàli,

지금 그곳에 가려고 하는 데요,

请 告诉 我 怎么 走。
qǐng gàosu wǒ zěnme zǒu.

어떻게 가는지 좀 알려주세요.

B 你 从 哪儿 来?
Nǐ cóng nǎr lái?

어디에서 오시는 데요?

A 我 从 浦东 去。
Wǒ cóng Pǔdōng qù.

푸뚱에서 갑니다.

B 你 坐 车 还是 自己 开车?
Nǐ zuò chē háishi zìjǐ kāichē?

버스를 타고 오실 겁니까, 아니면 운전해서 오실 겁니까?

A 我 自己 开车。
Wǒ zìjǐ kāichē.

저 혼자 운전해서 갈 겁니다.

B 你 先 上 延安 高架,
Nǐ xiān shàng Yán'ān gāojià,

우선 앤안고가를 타세요,

然后 从 吴中路 出口 出去,
ránhòu cóng Wúzhōnglù chūkǒu chūqu,

그 다음에 우쭝로 출구로 나오세요,

过 两 个 红绿灯 以后 再 往 左 拐。
guò liǎng ge hónglùdēng yǐhòu zài wǎng zuǒ guǎi.

그리고 신호등 두 개를 지난 다음 좌측으로 도세요.

A 从 几 点 开始 考试?
Cóng jǐ diǎn kāishǐ kǎoshì?

시험은 몇 시부터 시작합니까?

B 从 九 点 开始 考试。
Cóng jiǔ diǎn kāishǐ kǎoshì.

시험은 9시부터 시작합니다.

 NEW | 새단어

告诉 gàosu 동사. 알려주다
自己 zìjǐ 대사. 자기
上 shàng 동사. 오르다
高架 gāojià 명사. 고가

延安高架 Yán'ān gāojià 앤안 고가
吴中路 Wúzhōnglù 명사. 우쭝로(도로명)
出口 chūkǒu 출구
出去 chūqu 나가다

过 guò 동사. 지나가다
开始 kāishǐ 동사. 시작하다
考试 kǎoshì 명사. 시험

단어 익히기

주어진 단어로 빈칸을 채워보세요.

❶ 红绿灯 (hónglǜdēng 신호등)

_____(빨간 등), _____(녹색 등), _____(전등),

_____(형광등), _____(황색 등)

❷ 大概 (dàgài 대략)

_____(대변 ↔ 소변), _____(대륙),

_____(대담하다 ↔ 겁이 많다), _____(대다수 ↔ 소수),

_____(큰 일 ↔ 사소한 일), _____(대형 ↔ 소형)

❸ 左手 (zuǒshǒu 왼손 右手 오른손)

_____(명확하지 않은 수를 나타냄), _____(좌측 ↔ 우측)

❹ 地铁 (dìtiě 지하철)

_____(지위), _____(지명), _____(지진),

_____(지하 ↔ 지상), _____(지옥), _____(주소)

보기

▶▶▶ A电灯 B红灯
　　diàndēng　hóngdēng
　　C绿灯 D黄灯
　　lǜdēng　huángdēng
　　E日光灯
　　rìguāngdēng

▶▶▶ A大便 ↔ 小便
　　dàbiàn　xiǎobiàn
　　B大多数 ↔ 少数
　　dàduōshù　shǎoshù
　　C大胆 ↔ 胆小
　　dàdǎn　dǎnxiǎo
　　D大陆
　　dàlù
　　E大事 ↔ 小事
　　dàshì　xiǎoshì
　　F大型 ↔ 小型
　　dàxíng　xiǎoxíng

▶▶▶ A左右
　　zuǒyòu
　　B左侧 ↔ 右侧
　　zuǒcè　yòucè

▶▶▶ A地下 ↔ 地上
　　dìxià　dìshàng
　　B地位
　　dìwèi
　　C地震
　　dìzhèn
　　D地址
　　dìzhǐ
　　E地狱
　　dìyù
　　F地名
　　dìmíng

그림을 통해 익히는 중국어

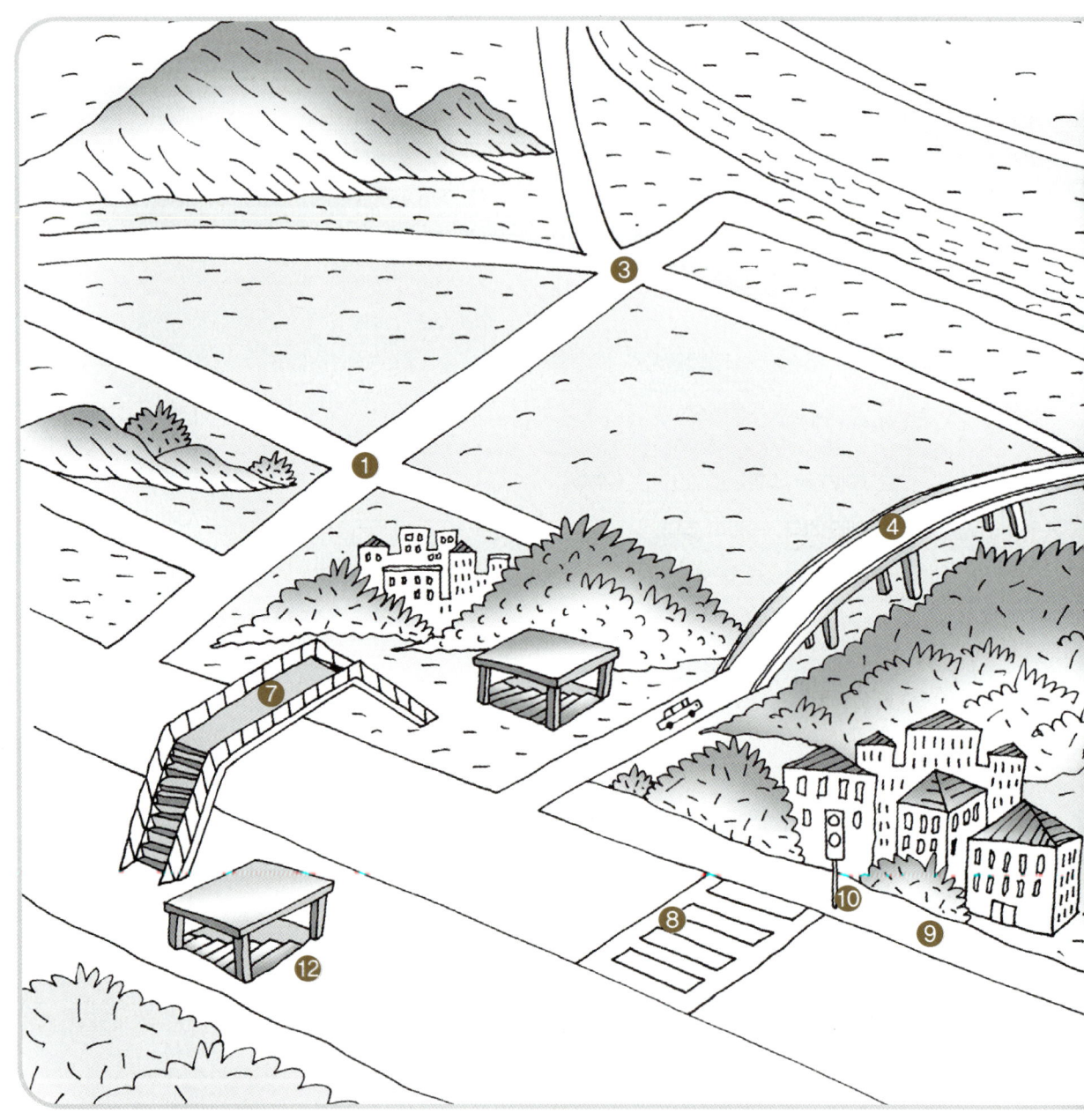

❶ 十字路口 shízì lùkǒu 사거리

❷ 丁字路口 dīngzì lùkǒu 삼거리

❸ 五岔路口 wǔchà lùkǒu 오거리

❹ 高架 gāojià 고가

❺ 环路 huánlù 순환도로

❻ 国道 guódào 국도

❼ 天桥 tiānqiáo 육교

❽ 人行横道 rénxíng héngdào 횡단보도

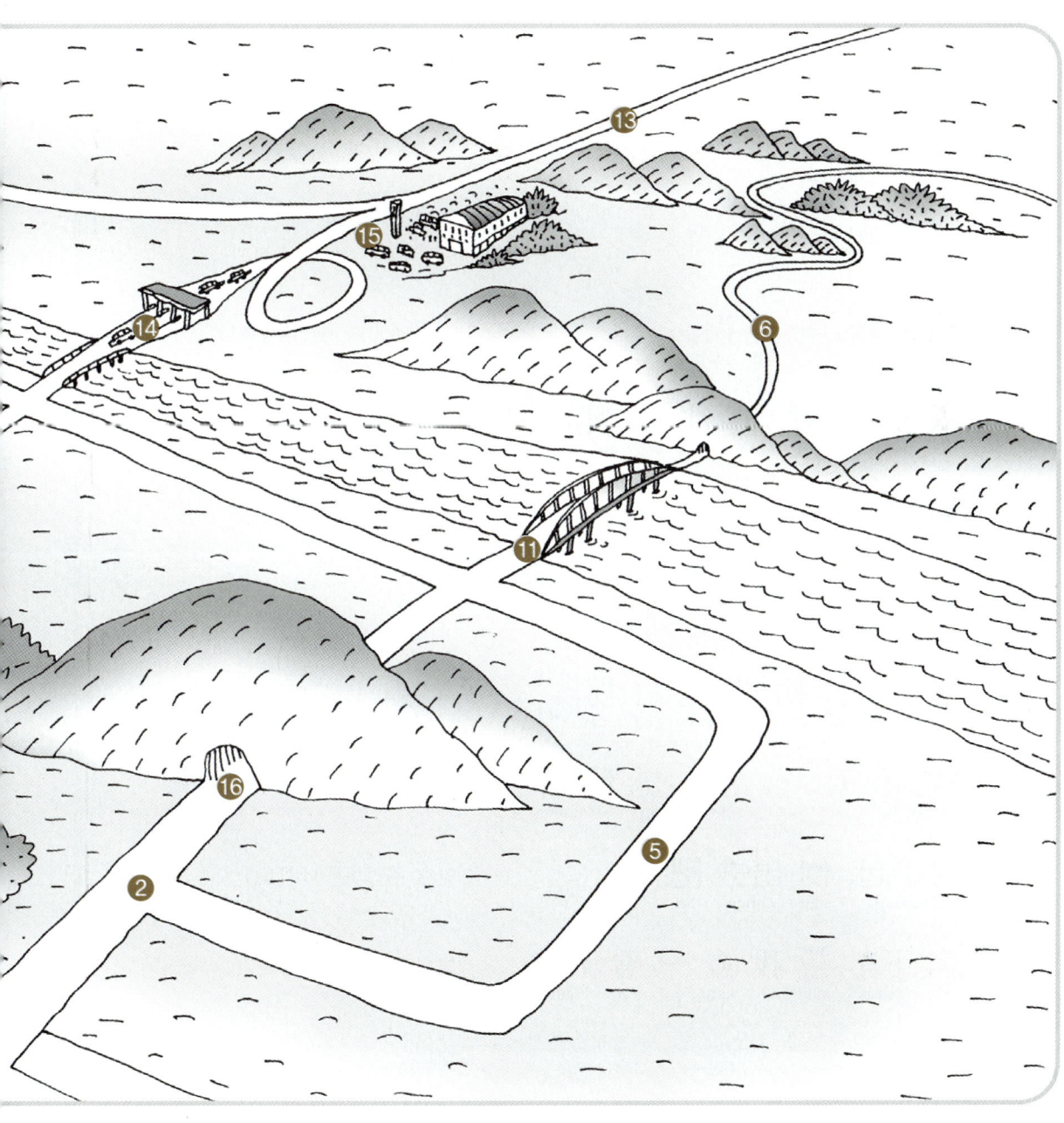

❾ 人行道 rénxíngdào 인도

❿ 信号灯 xìnhàodēng 신호등

⓫ 大桥 dàqiáo 대교

⓬ 地下通道 dìxià tōngdào 지하통로

⓭ 高速公路 gāosù gōnglù 고속도로

⓮ 高速公路收费站 gāosù gōnglù shōufèizhàn 톨게이트

⓯ 高速公路服务区 gāosù gōnglù fúwùqū 고속도로 휴게소

⓰ 隧道 suìdào 터널

활용하기

A 快 告诉 我 怎么 走。
Kuài gàosu wǒ zěnme zǒu.

어떻게 가는 지 빨리 알려줘.

B 一直 往 前 走。
Yìzhí wǎng qián zǒu.

곧장 앞으로 가.

A 然后 呢?
Ránhòu ne?

그 다음은?

B 然后 再 往 左 拐,
Ránhòu zài wǎng zuǒ guǎi,

그 다음에 다시 좌측으로 돌아,

不 对 不 对, 得 往 右 拐。
bú duì bú duì, děi wǎng yòu guǎi.

아니다, 우측으로 돌아야 돼.

A 你 别 搞错 了。
Nǐ bié gǎo cuò le.

잘못하면 안 돼.

B 没 错儿, 是 往 右 拐。
Méi cuòr, shì wǎng yòu guǎi.

틀림 없어, 우측으로 도는 게 맞아.

A 好, 往 右 拐 就 往 右 拐。
Hǎo, wǎng yòu guǎi jiù wǎng yòu guǎi.

좋아, 우측으로 가라면 우측으로 가지 뭐.

欸, 不 对 呀, 怎么 是 死胡同?
Éi, bú duì ya, zěnme shì sǐhútòng?

아이고, 틀렸어, 왜 막다른 골목이지?

B 对不起, 倒 出去 吧。
Duìbuqǐ, dào chūqu ba.

미안해, 후신해서 나가사.

A 你 下车 帮 我 看 一 看 后边。
Nǐ xiàchē bāng wǒ kàn yí kàn hòubian.

네가 내려서 뒤쪽을 좀 봐줘.

B 好 的。
Hǎo de.

그래.

+NEW | 새단어

别…了 bié…le …하지 마
搞错了 gǎo cuò le 잘못 알고있다
没错儿 méicuòr 틀림 없다

欸 éi 감탄사. 아이고(놀라움과 의아함 등을 나타냄)
死胡同 sǐhútòng 명사. 막다른 골목

倒 dào 동사. 후퇴시키다
下车 xiàchē 동사. 차에서 내리다
后边 hòubian 명사. 뒤쪽

서술하기

从　首尔　到　大田　可以　开车　去，也　可以　坐　火车　去，
Cóng　Shǒu'ěr　dào　Dàtián　kěyǐ　kāichē　qù,　yě　kěyǐ　zuò　huǒchē　qù,

还　可以　坐　长途　汽车　去。如果　不　塞车　的话，(如果…的话 만약…다면)
hái　kěyǐ　zuò　chángtú　qìchē　qù.　Rúguǒ　bù　sāichē　dehuà,

开车　去　很　方便，但是　费用(비용)　比较　高。
kāichē　qù　hěn　fāngbiàn,　dànshì　fèiyòng　bǐjiào　gāo.

坐　火车　去　的话　不　会　塞车，而且　火车票(기차표)　比较　便宜，
Zuò　huǒchē　qù　dehuà　bú　huì　sāichē,　érqiě　huǒchēpiào　bǐjiào　piányi,

坐　长途　汽车　去　的话　有时　会　塞车。
zuò　chángtú　qìchē　qù　dehuà　yǒushí　huì　sāichē.

➤ 오늘의 한 마디 ➤

❶
不　要　吹牛。
Bú　yào　chuīniú.
허풍 떨지 마.

不　是　吹牛，是　真的。
Bú　shì　chuīniú,　shì　zhēnde.
허풍 떠는 거 아니야, 정말이라니까.

❷
今天　谁　请客？
Jīntiān　shuí　qǐngkè?
오늘 누가 한 턱 내는 거지?

今天　我　请客。
Jīntiān　wǒ　qǐngkè.
오늘은 내가 한 턱 낼게.

말하기 연습

1 그림을 보고 말하기 연습을 해보세요.

❶

先一直_____, 然后再_____,

到第一个红绿灯再_____。

❷

先上_____, 然后从_____出口出去,

过两个红绿灯以后再_____。

2 실제 상황에 맞게 말하기 연습을 해보세요.

❶ 회사[학교]에서 집에까지 어떻게 가야 하는지 구체적으로 말해 보세요.

❷ 공항에서 당신의 회사[학교, 집]까지 어떻게 가야 하는지 말해 보세요.

* 보충 단어 : 机场大巴 jīchǎng dàbā 공항 리무진 버스

마무리 연습 문제

❋ 올바른 문장을 골라 보세요.

❶
  A 一直往前走，然后往右拐，第二个红绿灯到以后往左拐。

  B 一直前走，然后往右拐，第二个红绿灯往左拐。

  C 一直往前走，然后往右拐，到第二个红绿灯再往左拐。

❷
  A 请问，去韩国大使馆得坐几号地铁？

  B 请问，去韩国大使馆得几号地铁？

  C 请问，如果韩国大使馆去得坐几号地铁？

❸
  A 你先坐1号地铁可以，然后在人民广场倒2号地铁。

  B 你可以先坐1号地铁，然后在人民广场再倒2号地铁。

  C 你可以先坐1号地铁，然后在人民广场2号地铁坐。

❹
  A 你先坐延安高架，然后从吴中路出口出去，过两个红绿灯以后再往左拐。

  B 你先上延安高架，然后从吴中路出口出去，过两个红绿灯以后再往左拐。

  C 你先上延安高架，然后吴中路出口出去，过两个红绿灯以后再往左拐。

● **动词的用法(11~15课)**

동 사	뜻	동사 뒤에 올 수 있는 목적어
出差	출장가다	去 中国 出差 중국에 출장가다. qù Zhōngguó chūchāi
出去	나가다	(1) 出去 吃饭 나가서 식사하다. (2) 出去 玩儿 놀러 나가다. chūqu chīfàn　　chūqu wánr
参加	참가하다	(1) 参加 工作 입사하다. cānjiā gōngzuò (2) 参加 婚礼 결혼식에 참가하다. cānjiā hūnlǐ
搭	(1) 타다 (2) (다리를) 놓다	(1) 搭车 차를 얻어 타다. dāchē (2) 搭桥 다리를 놓다. dāqiáo
升	올리다, 높이다	(1) 升学 진학하다. (2) 升值 평가 절상하다. shēngxué　　shēngzhí
开车	운전하다	(1) 开车 去 운전해서 가다. kāichē qù (2) 开车 20 分钟 차로 20분 걸리다. kāichē èrshí fēnzhōng
买	사다	(1) 买票 표를 사다. (2) 买 衣服 옷을 사다. mǎipiào　　mǎi yīfu
借	빌리다	(1) 借钱 돈을 빌리다. (2) 借 东西 물건을 빌리다. jièqián　　jiè dōngxi
差	부족하다	(1) 差 五分 七点 5분 전 7시. (2) 差 很 多 차이가 크다. chà wǔfēn qīdiǎn　　chà hěn duō

办	처리하다	(1) **办事** 일을 처리하다. bànshì	(2) **办公** 사무를 보다. bàngōng
堵	(1) 막히다 (2) 막다	(1) **堵车** 차가 막히다. dǔchē	(2) **堵耳朵** 귀를 막다. dǔ ěrduo
住	(1) 투숙하다 (2) 살다	(1) **住 新罗饭店** 신라호텔에 투숙하다. zhù Xīnluó fàndiàn (2) **住在 北京** 북경에서 살다. zhùzài Běijīng	
劝	(1) 권하다 (2) 말리다	(1) **劝酒** 술을 권하다. quànjiǔ	(2) **劝架** 싸움을 말리다. quànjià
搬	옮기다	(1) **搬家** 이사하다. bānjiā	(2) **搬 东西** 물건을 옮기다. bān dōngxi
试	해보다	(1) **试 衣服** 옷을 입어 보다. shì yīfu	(2) **试车** 시운전하다. shìchē
跟	따르다	(1) **跟 我 来** 저를 따라 오세요. gēn wǒ lái	(2) **跟 我 念** 저를 따라 읽으세요. gēn wǒ niàn
送	(1) 바래다 주다 (2) 선물하다	(1) **送 孩子** 아이를 바래다 주다. sòng háizi	(2) **送 礼物** 선물을 주다. sòng lǐwù
包	(1) 포함하다 (2) 대절하다	(1) **包 早餐** 조식 포함 bāo zǎocān	(2) **包车** 차를 대절하다. bāochē
带	휴대하다	**带钱** 돈을 가지고 오다. dàiqián	
写	쓰다	(1) **写信** 편지를 쓰다. xiě xìn	(2) **写 作业** 숙제를 하다. xiě zuòyè
减	줄이다	(1) **减肥** 다이어트하다. jiǎnféi	(2) **减价** 할인하다. jiǎnjià

179

节	절약하다	(1) **节电** 전기를 절약하다. jiédiàn	(2) **节水** 물을 절약하다. jiéshuǐ
治	(1) 치료하다 (2) 다스리다	(1) **治病** 병을 고치다. zhìbìng	(2) **治水** 치수하다. 물을 다스리다. zhìshuǐ
倒	갈아타다	**倒 地铁** 지하철을 갈아타다. dǎo dìtiě	
告诉	알려주다	**告诉 我** 나에게 알려주다. gàosu wǒ	
开	열다	(1) **开门** 문을 열다. kāimén	(2) **开灯** 등을 켜다. kāidēng
卖	팔다	(1) **卖身** 몸을 팔다. màishēn	(2) **卖 东西** 물건을 팔다. mài dōngxi
关	닫다, 끄다	(1) **关门** 문을 닫다. guānmén	(2) **关灯** 등을 끄다. guāndēng
搞	~과 관련된 일을 하다	(1) **搞 关系** 관계를 맺다. gǎo guānxi	(2) **搞 活动** 행사를 하다. gǎo huódòng

16 你结婚了吗?

결혼했습니까?

● 기본 문법 및 문형

1 완료를 나타내는 어기조사 "了"

1 | 긍정형

주어 + 동사 + 목적어 + 了

我 + 吃 + 饭 + 了。 밥을 먹었습니다.

··· "了"는 동사 뒤에 또는 문말에 와서 동작의 완료를 나타낸다. "吃饭了"는 "밥을 먹었다"라는 뜻이다.

2 | 부정형

주어 + 没 + 동사 + 목적어

我 + 没 + 吃 + 饭。 밥을 먹지 않았습니다.

··· "了"의 부정은 동사 앞에 "没"를 쓰면 된다. 주의할 것은 이때 문말의 "了"는 빼야 한다.

2 결과보어

1 | 긍정형

주어 + 동사 + 결과보어 + 목적어 + (了)

我 + 找 + 到 + 手机 + 了。 핸드폰을 찾았다.

··· "找了"는 "찾았었다"라는 뜻으로, 찾았는지 찾지 못했는지 그 결과를 알 수 없다. 하지만 "找到了"는 "(찾으려던 것을) 찾았다"라는 뜻으로 찾는 목적을 달성하였음을 나타낸다.

2 | 부정형

주어 + 没 + 동사 + 결과보어 + 목적어

我 + 没 + 找 + 到 + 手机。 핸드폰을 찾지 못했다.

··· "没找"는 "찾지 않았다"라는 뜻이고, "没找到"는 "(찾아 보았지만) 찾지 못했다"라는 뜻이다.

기초 세우기

◉ 완료를 나타내는 "了"의 긍정형

주어 + 동사 + 목적어 + 了

我 + 吃 + 饭 + 了。

식사했습니다.

◉ 의문형

주어 + 동사 + 목적어 + 了 + 吗?

你 + 吃 + 饭 + 了 + 吗?

식사하셨습니까?

Ⓐ 你 结婚 了 吗?
Nǐ jiéhūn le ma?

결혼했습니까?

Ⓑ 没有。
Méiyǒu.

아니요.

Ⓐ 为什么 还 没 结婚 啊?
Wèishénme hái méi jiéhūn a?

왜 아직도 결혼하지 않았습니까?

Ⓑ 一言难尽 啊!
Yì yán nán jìn a!

말하자면 길어요.

Ⓐ 你 是 不 是 太 挑剔 了?
Nǐ shì bu shì tài tiāotì le?

너무 까다로운 것 아닙니까?

Ⓑ 其实 也 不 是, 可能 是 没 有 缘分 吧。
Qíshí yě bú shì, kěnéng shì méi yǒu yuánfèn ba.

사실은 그렇게 아닌데, 아마 인연이 없어서 그런가 봐요.

+NEW | 새단어

结婚 jiéhūn 동사. 결혼하다
了 le 어기조사. 동사 뒤에나 문말에 쓰여 동작의 완료를 나타냄.
啊 a 의문문, 명령문이나 평서문의 문말에 쓰여 각각의 경우의 감정을 더해주는 역할을 함.
一言难尽 yì yán nán jìn 한마디 말로 모두 다 설명할 수는 없다.

挑剔 tiāotì 형용사. 까다롭다
其实 qíshí 부사. 사실은
缘分 yuánfèn 명사. 인연

❖ **중국어의 기초를 다져주는 해설 한마디**

① "了"는 동사 뒤나 문말에 와서, 동작의 완료를 나타낼 수 있다. 따라서 "먹었다"라고 간단하게 표현할 때는 "了"를 동사 "吃" 뒤에 붙여 "吃了"라고 하면 되고, "저는 밥을 먹었습니다"라고 할 때는 "了"를 문말에 붙여 "我吃饭了"라고 하면 된다.

② "了"가 있는 문장은 "没(有)"로 부정한다. 대신 문말의 "了"는 반드시 빼야 한다.

◉ "了"의 부정형

주어 + 没(有) + 동사 + 목적어

我 + 没 + 看 + 足球赛。

저는 축구 시합을 보지 않았습니다.

Ⓐ 昨天 晚上 的 足球赛, 你 看 了 吗?
Zuótiān wǎnshang de zúqiúsài, nǐ kàn le ma?
어제 저녁에 축구 경기를 보셨습니까?

Ⓑ 没 看。
Méi kàn.
아니요.

Ⓐ 太 可惜 了。
Tài kěxī le.
아쉽네요.

Ⓑ 比赛 的 结果 怎么样?
Bǐsài de jiéguǒ zěnmeyàng?
경기 결과는요?

Ⓐ 当然 是 韩国队 赢 了。
Dāngrán shì Hánguóduì yíng le.
당연히 한국팀이 이겼죠.

Ⓑ 你们 是 不 是 又 赌钱 了?
Nǐmen shì bu shì yòu dǔqián le?
또 돈내기를 하셨나 봐요?

Ⓐ 对 了。
Duì le.
네.

Ⓑ 赢 了 多少?
Yíng le duōshao?
얼마나 따셨습니까?

Ⓐ 赢 了 三 万 元。
Yíng le sān wàn yuán.
3만원 땄습니다.

+NEW | 새단어

足球赛 zúqiúsài 명사. 축구 경기
可惜 kěxī 형용사. 아쉽다
比赛 bǐsài 명사. 시합
结果 jiéguǒ 명사. 결과

队 duì 명사. 팀
韩国队 Hánguóduì 명사. 한국팀
赢 yíng 동사. 이기다
赌钱 dǔqián 동사. 돈을 걸다

多少 duōshao 의문대사. 얼마
万 wàn 수사. 만

183

응용하기

결과보어의 긍정형

주어 + 동사 + 결과보어 + 목적어 + (了)

我 + 找 + 到 + 工作 + 了。
취직했습니다.

부정형

주어 + 没 + 동사 + 결과보어 + 목적어

我 + 没 + 找 + 到 + 工作。
취직하지 못했습니다.

A 你 找到 工作 了 吗?
Nǐ zhǎodào gōngzuò le ma?
취직했습니까?

B 还 没 找到 工作。
Hái méi zhǎodào gōngzuò.
아직 취직하지 못했습니다.

A 今天 我 在 人民日报 上 看到 了 一个 招聘 广告。
Jīntiān wǒ zài Rénmínrìbào shang kàndào le yíge zhāopìn guǎnggào.
오늘 인민일보에서 모집광고를 하나 보았습니다.

B 国企 还是 外企?
Guóqǐ háishi wàiqǐ?
국영기업이어요, 아니면 외자기업이어요?

A 都 是 国企。
Dōu shì guóqǐ.
모두 국영기업입니다.

B 我 不 想 去 国企 工作, 我 想 去 外企。
Wǒ bù xiǎng qù guóqǐ gōngzuò, wǒ xiǎng qù wàiqǐ.
저는 국영기업에 가고 싶지 않고, 외자기업에 가고 싶어요.

外企 不仅 收入 高, 待遇 也 非常 好。
Wàiqǐ bùjǐn shōurù gāo, dàiyù yě fēicháng hǎo.
외자기업은 수입이 많을 뿐만 아니라, 대우도 아주 좋습니다.

+ NEW | 새단어

到 dào 동사. 도달하다(동사 뒤에 쓰여 목적에 달성하였음을 나타냄)
找到了 zhǎodào le (찾으려던 것을) 찾았다
人民日报 Rénmín rìbào 명사. 인민일보

上 shang 접미사. 어떤 범위 내에 있음을 나타냄
招聘 zhāopìn 동사. 모집하다
广告 guǎnggào 명사. 광고

国企 guóqǐ 명사. 국영기업
外企 wàiqǐ 명사. 외자기업
不仅 bùjǐn 접속사. ~일 뿐만 아니라
收入 shōurù 명사. 수입
待遇 dàiyù 명사. 대우

✤ 중국어의 기초를 다져주는 해설 한마디

결과보어란 동사 뒤에서 동작의 결과를 보충·설명하는 보어를 가리킨다. 예컨대 어떤 물건을 "찾았었다"라는 표현은 "找了"라고 한다. 그러나 "找了"는 찾았는지 찾지 못했는지 그 결과를 알 수 없다. 이때 결과보어 "找到了", (찾으려던 것을) 찾았다"로 표현하면 찾는 목적을 달성하였음을 나타낼 수 있다. 참고로 "没找"는 "찾지 않았다"라는 뜻이고, "没找到"는 "(찾아 보았지만) 찾지 못했다"라는 뜻이다.

단어 익히기

주어진 단어로 빈칸을 채워보세요.

❶ 其实 (qíshí 사실은)

_____(그 다음), _____(그 중), _____(기타)

▶▶▶ A 其他 qítā B 其次 qícì
C 其中 qízhōng

❷ 可惜 (kěxī 아쉽다)

_____(귀엽다), _____(두렵다), _____(우습다),

_____(가능하다), _____(가련하다), _____(~해도 된다)

▶▶▶ A 可能 kěnéng B 可爱 kě'ài
C 可怜 kělián D 可怕 kěpà
E 可笑 kěxiào F 可以 kěyǐ

❸ 结果 (jiéguǒ 결과)

_____(결론), _____(결혼하다), _____(결합하다)

▶▶▶ A 结合 jiéhé B 结婚 jiéhūn
C 结论 jiélùn

❹ 招聘 (zhāopìn 초빙하다)

_____(상인을 모집하다), _____(초대하다),

_____(임대 광고)

▶▶▶ A 招租 zhāozū B 招商 zhāoshāng
C 招待 zhāodài

❺ 毕业 (bìyè 졸업하다)

_____(사업), _____(상업), _____(화학공업),

_____(수료하다), _____(학업), _____(공업)

▶▶▶ A 结业 jiéyè B 学业 xuéyè
C 工业 gōngyè D 商业 shāngyè
E 化工业 huàgōngyè F 事业 shìyè

真愁人。

정말 걱정이 된다.

● 말하기

◉ 결과 보어 "在"의 용법

동사 + **在** + 장소/시간

留 + **在** + **上海**。 　상해에 남다.

Ⓐ **小王, 毕业 以后 你 有 什么 打算?**
XiǎoWáng, bìyè yǐyòu nǐ yǒu shénme dǎsuan?
샤오왕, 졸업 후에 무슨 계획이 있니?

Ⓑ **我 想 留 在 上海。**
Wǒ xiǎng liú zài Shànghǎi.
상하이에 남으려고.

Ⓐ **你 不 是 北京人 吗? 为什么 不 回 北京?**
Nǐ bú shì Běijīngrén ma? Wèishénme bù huí Běijīng?
너, 북경 사람 아니니? 왜 북경으로 안 돌아가니?

Ⓑ **我 交 了 个 女 朋友, 是 上海人。**
Wǒ jiāo le ge nǚ péngyou, shì Shànghǎirén.
여자 친구를 사귀었는데, 상하이 사람이거든.

Ⓐ **你 可以 说服 她 去 北京 啊。**
Nǐ kěyǐ shuōfú tā qù Běijīng a.
그녀를 설득해서 북경으로 가면 되잖아.

Ⓑ **她 才 不 肯 呢。** 　여자 친구가 싫대.
Tā cái bù kěn ne.

Ⓐ **你 妈 会 同意 你 留 在 上海 吗?**
Nǐ mā huì tóngyì nǐ liú zài Shànghǎi ma?
너희 어머니께서 네가 상하이에 남는 것에 동의하시겠어?

Ⓑ **我 也 不 知道, 真 愁人。** 　나도 모르겠어, 정말 걱정이다.
Wǒ yě bù zhīdào, zhēn chóurén.

+NEW! 새단어

打算 dǎsuan　명사. 계획
留在 liúzài　～에 남다
交 jiāo　동사. 사귀다
说服 shuōfú　동사. 설득하다

才 cái　부사. 강조를 표시함
不肯 bùkěn　～하지 않으려고 하다
同意 tóngyì　동사. 동의하다
愁人 chóurén　형용사. 걱정스럽다

그림을 통해 익히는 중국어

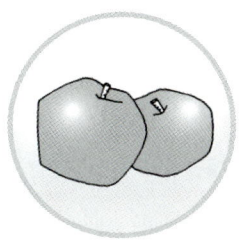

▸▸ **红色** 적색
  hóngsè

▸▸ **黑色** 검정색
  hēisè

▸▸ **白色** 백색
  báisè

▸▸ **咖啡色** 커피색
  kāfēisè

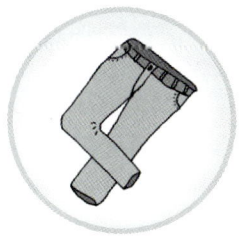

▸▸ **蓝色** 남색
  lánsè

▸▸ **绿色** 녹색
  lùsè

▸▸ **紫色** 자주색
  zǐsè

▸▸ **天蓝色** 하늘색
  tiānlánsè

▸▸ **黄色** 노란색
  huángsè

▸▸ **灰色** 회색
  huīsè

▸▸ **粉色** 핑크색
  fěnsè

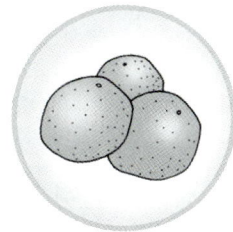

▸▸ **橙色** 오렌지색
  chéngsè

문법 총정리

● 결과보어의 특징

(1) 정의: 동사 뒤에서 동작의 결과를 보충·설명하는 보어를 결과보어라고 한다.
(2) 일반적으로 동사 또는 형용사가 결과보어로 사용된다.
(3) 결과보어는 동작의 완료를 나타내는 "了"와 같이 쓰는 경우가 많다.

　　我已经做完饭了。 밥을 이미 다 해 놓았다.

(4) 문장에 "了"가 있으면 "没"로 부정한다.

　　没吃完饭。 밥을 다 먹지 못했다.

● 자주 쓰는 결과보어

형용사	뜻	예 문
好	동작이 잘 마무리되거나 잘 진행되었음을 나타냄.	准备好了。 준비를 다해 놓았다. 约好了。 약속을 다해 놓았다.
对	"동작의 결과가 맞다"라는 뜻을 나타냄.	你说对了。 당신이 말씀하신 것이 맞습니다. 你算对了。 당신이 계산하신 것이 맞습니다.
错	동작의 결과가 틀렸음을 나타냄.	你打错了。 (전화를) 잘못 걸었습니다. 我做错了。 제가 잘못했습니다.
干净	어떤 동작을 통해 "깨끗해지다"라는 뜻을 나타냄.	洗干净了。 깨끗하게 씻었다. 擦干净了。 깨끗하게 닦았다.
惯	동작을 통해 "어떤 일이나 생활에 익숙해지고 습관이 되다"라는 뜻.	在韩国住惯了。 한국에서 사는 것이 적응되었다. 吃惯了中国菜。 중국 요리에 익숙해지다.
多	"많이 ~했다"라는 뜻을 나타냄.	吃多了。 많이 먹었다. 买多了。 많이 샀다.
清楚	"어떤 동작을 분명히 하다"라는 뜻을 나타냄.	说清楚点儿。 확실하게 말해. 看清楚了。 확실하게 보았다.
光	동작을 통해 "어떤 물건이 모두 없어지다"라는 뜻을 나타냄.	吃光了。 다 먹어버렸다. 卖光了。 다 팔렸다.

大	눈이나 입을 크게 벌리거나 무엇을 더 크게 하다라는 뜻.	张大嘴。입을 크게 벌리세요. 睁大眼睛。눈을 크게 뜨세요.
完	동작의 완료를 나타낸다.	看完了。다 봤다. 吃完了。다 먹었다.
见	동작을 통해 사람이나 사물을 보거나 보인다는 뜻을 나타냄.	看见了。보았다. 보인다. 听见了。들린다. 들었다.
住	사람이나 사물을 한 곳에 고정시킨다는 뜻을 나타냄.	抓住。꽉 잡으세요. 记住。기억해 두세요.
到 1	동작을 통해 어떤 목적에 달성하였음을 나타냄.	买到了。(사려던 것을) 샀다. 找到了。(찾으려던 것을) 찾았나.
到 2	동작이 언제까지, 또는 어디까지 진행되었음을 나타냄.	送到办公室。사무실로 보내주세요. 睡到6点。6시까지 자다.
会	"배움을 통해 터득하다"는 뜻을 나타냄.	学会了。배워서 알게 되었다. 看会了。보아서 알게 되었다.
着	到 1과 같이 동작을 통해 어떤 목적에 달성하였음을 나타냄.	睡着了。잠들었다. 借着了。(빌리려던 것을) 빌렸다.
在	어떤 장소에 동작이 이루어짐을 나타냄.	放在这儿。여기에 놓으세요. 停在这儿。여기에 세우세요.
懂	"동작을 통해 이해하다"라는 뜻을 나타냄.	听懂了。들어서 이해가 되다. 看懂了。보아서 이해가 되다.
给	사람이나 사물을 어디에 보내다 또는 맡기다라는 뜻.	交给老师。선생님에게 제출하다. 寄给你。당신에게 부쳐드리겠습니다.
上	전등, TV 등을 끄거나 도달하기 어려운 목적에 달성하였음을 나타냄.	关上灯。등을 끄세요. 考上大学了。대학에 합격했다. 爱上了她。그녀를 사랑하게 되었다.
成	"동작을 통해 다른 것으로 바꾸다 또는 다른 것으로 간주하다"라는 뜻.	翻译成汉语。중국어로 옮기다. 染成黑色。검은 색으로 염색하다.
死	"죽을 지경이다"라는 뜻으로 정도가 최고에 달했음을 나타냄.	饿死了。배고파 죽겠다. 热死了。더워 죽겠다.

189

마무리 연습 문제

✳ 올바른 문장을 골라 보세요.

❶ A 昨天晚上的足球赛, 你看了吗?

B 你看了昨天晚上足球赛吗?

C 你看昨天晚上的足球赛吗?

❷ A 早就毕业了, 可是还不找到工作。

B 早就毕业了, 可是还没找到工作。

C 早毕业, 可是还没找到工作。

❸ A 你妈会不会同意你留在上海吗?

B 你妈会不你留在上海吗?

C 你妈会同意你留在上海吗?

❹ A 外企不仅收入高, 待遇也非常好。

B 不仅外企收入高, 待遇也非常好。

C 外企收入不仅高, 待遇也非常好。

❺ A 那是我刚刚定做的衣服。

B 那我刚做的衣服。

C 那衣服是我刚刚定做的衣服。

17 我正在打扫房间呢。

저는 방을 청소하고 있습니다.

● **기본 문법 및 문형**

1 진행태 "(正)在……呢"

> 주어 + (正)在 + 동사 + 목적어 + (呢)
>
> 我妈妈 + 在 + 做 + 饭 + 呢。 엄마는 밥을 하고 계시다.

• • • 진행태란 동작의 진행을 나타내는 것을 가리킨다. 동작의 진행태는 "(正)在+……(呢)"를 사용하면 된다.

2 지속태 "着"

> 주어 + 동사 + 着 + 목적어
>
> 你手里 + 拿 + 着 + 什么? 손에 무엇을 들고 있니?

• • • 지속태는 동작이 계속하여 지속되고 있음을 가리킨다.
  - ⑩ "拿着"는 "들고 있다"라는 뜻으로 들고 있는 동작이 계속 지속되고 있음을 나타내며, 진행태는 동작이 지금 진행되고 있는 중이라는 뜻을 나타낸다.
  - ⑩ "正在做饭"는 "지금 밥하고 있다"라는 뜻이다. 이러한 동작은 계속 지속될 수 없고, 언젠가는 반드시 끝날 것이다.

3 행위의 방식을 나타내는 "着"

> 동사 + 着 + 동사
>
> 走 + 着 + 去。 걸어서 가다.

• • • 동사 뒤에 "着"는 행위의 방식, 수단 등을 나타낸다.
  - ⑩ "站着上课, 서서 수업하다", "跑着去, 달려서 가다", "笑着说, 웃으면서 말하다"

기초 세우기

◉ 진행태 "(正)在……呢"

| 주어 | + | (正)在 | + | 동사 | + | 목적어 | + | (呢) |

我妈妈 + 在 + 做 + 饭 + 呢。
엄마는 밥을 하고 계십니다.

Ⓐ 妈妈 在 家 吗?
　　Māma zài jiā ma?

엄마 집에 계시니?

Ⓑ 在 家。
　　Zài jiā.

집에 계세요.

Ⓐ 干 什么 呢?
　　Gàn shénme ne?

무엇을 하고 계시니?

Ⓑ 做 饭 呢。
　　Zuò fàn ne.

밥을 하고 계세요.

Ⓐ 奶奶 呢?
　　Nǎinai ne?

할머니는?

Ⓑ 奶奶 在 看 电视。
　　Nǎinai zài kàn diànshì.

할머니는 TV를 보고 계세요.

Ⓐ 爸爸 呢?
　　Bàba ne?

아빠는?

Ⓑ 还 没 回来。
　　Hái méi huílai

아직 돌아오지 않으셨어요.

+ new | 새단어

呢 ne 어기조사. 문말에 쓰여 동작의 진행을 나타냄.
干什么呢 gàn shénme ne 뭐하고 있어?
在 zài 동사. 1) 있다 2) ~에서 3) 동사 앞에 쓰여
　　　　 동작의 진행을 나타낸다.
在家 zàijiā 집에 있다
做 zuò 동사. 하다, 만들다
做饭 zuòfàn 밥을 하다
在看电视 zài kàn diànshì TV를 보고 있다

✛ 중국어의 기초를 다져주는 해설 한마디

진행태란 동작의 진행을 나타내는 것을 가리킨다. 동작의 진행태는
"(正)在……(呢)"를 사용하면 된다.

Ⓐ **这两天 百货商店 正在 大减价,**
Zhèliǎngtiān bǎihuò shāngdiàn zhèngzài dàjiǎnjià,
요즘 백화점 세일을 하고 있는데,

我们 一起 去 逛逛 吧。
wǒmen yìqǐ qù guàngguang ba.
우리 같이 구경하러 가자.

Ⓑ **我 不 想 去, 你 一个人 去 吧。**
Wǒ bù xiǎng qù, nǐ yígerén qù ba.
나 가고싶지 않어, 너 혼자서 가.

Ⓐ **我 一个人 去 没 有 意思, 陪 我 去 吧。**
Wǒ yígerén qù méi yǒu yìsi, péi wǒ qù ba.
나 혼자 가면 재미 없어, 같이 가줘.

Ⓑ **好 吧, 我 陪 你 去。**　　　　좋아, 같이 가줄게.
Hǎo ba, wǒ péi nǐ qù.

Ⓐ **你 真 是 我 的 好朋友。**　　　넌 정말 좋은 친구야.
Nǐ zhēn shì wǒ de hǎopéngyou.

Ⓑ **我们 怎么 去 呀?**　　　　　우리 어떻게 갈까?
Wǒmen zěnme qù ya?

Ⓐ **百货商店 离 这儿 很 近, 我们 走着去, 怎么样?**
Bǎihuò shāngdiàn lí zhèr hěn jìn, wǒmen zǒuzhequ, zěnmeyàng?
백화점이 여기서 가까우니까, 걸어서 가는 게 어때?

Ⓑ **天气 太 冷 了, 还是 打车 去 吧。**
Tiānqì tài lěng le, háishi dǎchē qù ba.
날씨가 너무 추워, 택시 타고 가자.

Ⓐ **好 吧。**　　　　　　　　　그래.
Hǎo ba.

＋ⴖⴄⴡ | 새단어

这两天 zhèliǎngtiān 요즘
百货商店 bǎihuò shāngdiàn
　　　　명사. 백화점
减价 jiǎnjià 동사. 세일하다

逛 guàng 동사. 구경하다
陪 péi 동사. 동반하다, 모시다
着 zhe 조사. ~하면서(동사의 뒤에 붙어
　　　　행위의 방식, 수단 등을 나타냄)

走着去 zǒu zhe qù 걸어서 가다
打车 dǎchē 택시를 타다

❖ **중국어의 기초를 다져주는 해설 한마디**

"着"는 동사의 뒤에 붙어 행위의 방식, 수단 등을 나타낼 수 있다. 예 "走着去, 걸어서 가다", "站着上课, 서서 수업하다", "跑着去, 달려서 가다" "笑着说, 웃으면서 말하다"

응용하기

◉ 지속태 "着"

| 주어 | + 동사 | + 着 | + 목적어 |

你手里 + 拿 + 着 + 什么?
손에 무엇을 들고 있습니까?

A 你 手 里 拿 着 什么 东西?　　손에 무엇을 들고 있습니까?
Nǐ shǒu lǐ ná zhe shénme dōngxi?

B 你 猜 猜。　　맞추어 보세요.
Nǐ cāi cai.

A 我 猜 是 巧克力。　　쵸콜렛이요.
Wǒ cāi shì qiǎokèlì.

B 不 对。　　틀렸어요.
Bú duì.

A 是 金戒指。　　금반지요.
Shì jīnjièzhi.

B 也 不 对。　　틀렸어요.
Yě bú duì.

告诉 你 吧, 是 汽车 钥匙,　　알려 드릴게요, 자동차 키입니다.
Gàosu nǐ ba, shì qìchē yàoshi,

这 是 我 给 你 的 生日 礼物。　이것은 제가 당신에게 드리는
zhè shì wǒ gěi nǐ de shēngrì lǐwù.　생일 신물입니다.

A 真的? 老公, 你 太 好 了。　　정말요? 당신이 너무 좋아요.
Zhēnde? Lǎogōng, nǐ tài hǎo le.

+NEW | 새단어

拿 ná 동사. 들다
着 zhe 조사. 동사 뒤에 붙어 동작의 지속을 나타냄
猜 cāi 동사. 알아 맞추다
巧克力 qiǎokèlì 명사. 쵸콜렛
金戒指 jīnjièzhi 명사. 금반지
礼物 lǐwù 명사. 선물
老公 lǎogōng 명사. 남편

✛ 중국어의 기초를 다져주는 해설 한마디

지속태는 동작이 계속해서 지속되고 있음을 가리킨다.
◑ "拿着"는 "들고 있다"라는 뜻으로 들고 있는 동작이 계속 지속되고 있음을 나타내며, 진행태는 동작이 지금 진행되고 있는 중이라는 뜻을 나타낸다.
◑ "正在做饭"은 "지금 밥을 하고 있다"라는 뜻이다. 이러한 동작은 계속 지속될 수 없고, 언젠가는 반드시 끝날 것이다.

단어 익히기

⊛ **주어진 단어로 빈칸을 채워보세요.**

❶ 减价 (jiǎnjià 할인하다)

_____(집값), _____(땅값), _____(물가), _____(몸값)

❷ 一起 (yìqǐ 함께)

_____(반드시), _____(일시적으로), _____(계속해서),

_____(같다)

❸ 金戒指 (jīnjièzhi 금반지)

_____(금열쇠), _____(꾀꼬리 소리),

_____(수입이 매우 좋은 직업이나 직위)

❹ 半夜 (bànyè 한밤중)

_____(도중), _____(한참 동안), _____(반값)

❺ 失恋 (shīliàn 실연)

_____(실책), _____(실업), _____(실언)

❻ 健康 (jiànkāng 건강하다)

_____(건전하다), _____(건장하다), _____(건강미)

▶▶▶ A 物价
wùjià
B 身价
shēnjià
C 房价
fángjià
D 地价
dìjià

▶▶▶ A 一定
yídìng
B 一直
yìzhí
C 一时
yìshí
D 一样
yíyàng

▶▶▶ A 金嗓子
jīnsǎngzi
B 金钥匙
jīnyàoshi
C 金饭碗
jīnfànwǎn

▶▶▶ A 半天
bàntiān
B 半道儿
bàndàor
C 半价
bànjià

▶▶▶ A 失业
shīyè
B 失策
shīcè
C 失言
shīyán

▶▶▶ A 健全
jiànquán
B 健美
jiànměi
C 健壮
jiànzhuàng

真能唠叨。
잔소리가 정말 많네.

Ⓐ 半夜 三更 的, 还 开着 电视, 开着 灯, 干什么 呀?
Bànyè sāngēng de, hái kāizhe diànshì, kāizhe dēng, gànshénme ya?
한밤중에 TV도 켜놓고, 등도 켜놓고, 뭐하는 거야?

Ⓑ 睡不着 啊。　　　　　　　　　잠들 수가 없어요.
Shuìbuzháo a!

Ⓐ 睡不着? 失恋 了?　　　　　　잠들 수 없다고? 실연했니?
Shuìbuzháo? Shīliàn le?

Ⓑ 连 女朋友 都 没 有, 失 什么 恋?
Lián nǚpéngyou dōu méi yǒu, shī shénme liàn?
여자 친구도 없는데, 실연은 무슨 실연요?

Ⓐ 那 你 怎么 回事儿?　　　　　그럼 무슨 일이니?
Nà nǐ zěnme huíshìr?

Ⓑ 晚上 喝 了 两 杯 咖啡, 怎么 也 睡不着。
Wǎnshang hē le liǎng bēi kāfēi, zěnme yě shuìbuzháo.
저녁에 커피를 두 잔 마셨더니, 도저히 잠들 수가 없네요.

Ⓐ 明天 还 要 早 起 呢, 快 睡 吧。
Míngtiān hái yào zǎo qǐ ne, kuài shuì ba.
내일 일찍 일어나야 하는데, 빨리 자라.

Ⓑ 知道 了。哎, 真 能 唠叨。　알았어요. 응, 잔소리.
Zhīdao le. Āi, zhēn néng lāodao.

+NEW 새단어

半夜三更 bànyè sāngēng 명사. 한밤중
开着 kāizhe 켜져 있다
失恋 shīliàn 동사. 실연하다
连……都/也 lián……dōu/yě ……마저도
怎么回事儿 zěnme huíshìr 무슨 일이냐
怎么也……不 zěnmeyě……bù
　　　　아무리 ……해도, ……할 수 없다
能 néng 동사. ……에 능하다
唠叨 lāodao 동사. 잔소리하다

❖ 중국어의 기초를 다져주는 해설 한마디

"睡着了"는 "잠들었다"라는 뜻이고, "睡不着"는 "잠들 수 없다"라는 뜻이다.

그림을 통해 익히는 중국어

‣ **扔** 버리다
　rēng
‣ **捡** 줍다
　jiǎn

‣ **推** 밀다
　tuī
‣ **拉** 당기다
　lā

‣ **站起来** 일어서다
　zhànqǐlai
‣ **坐下** 앉다
　zuòxia

‣ **走** 걷다
　zǒu
‣ **跑** 뛰다
　pǎo

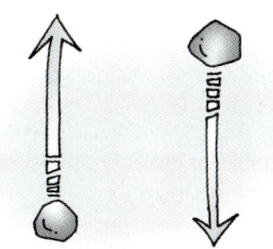

‣ **上升** 상승하다
　shàngshēng
‣ **下降** 하강하다
　xiàjiàng

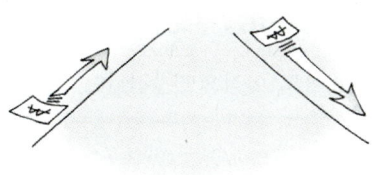

‣ **涨价** 가격이 올라가다
　zhǎngjià
‣ **跌价** 가격이 하락하다
　diējià

활용하기

A 挤 什么 呀?
Jǐ shénme ya?
왜 밀어요?

B 不 是 我 挤 你, 是 后面 的 人 挤 我。
Bú shì wǒ jǐ nǐ, shì hòumiàn de rén jǐ wǒ.
제가 민게 아니라, 뒷사람이 저를 밀었어요.

A 没 看见 我 抱着 孩子 吗?
Méi kànjiàn wǒ bàozhe háizi ma?
아이를 안고 있는 것을 보지 못했습니까?

B 真 对不起, 我 没 看见 你 抱着 孩子。
Zhēn duìbuqǐ, wǒ méi kànjiàn nǐ bàozhe háizi.
정말 미안합니다, 당신이 아이를 안고 있는 것을 보지 못했습니다.

A 现在 的 年轻人, 一点儿 礼貌 也 没 有,
Xiànzài de niánqīngrén, yìdiǎnr lǐmào yě méi yǒu,
지금의 젊은이들은 예의가 조금도 없어요,

看见 老人 也 不 让 个 座儿。
kànjiàn lǎorén yě bú ràng ge zuòr.
어르신을 보아도 자리를 양보하지 않고 말입니다.

B 那边 不 是 有 老弱病残席 吗?
Nàbiān bú shì yǒu lǎoruòbìngcánxí ma?
저쪽에 노약자석이 있잖아요?

A 不 用 了, 下 一 站 我 就 下车 了。
Bú yòng le, xià yí zhàn wǒ jiù xiàchē le.
됐어요, 다음 역에서 내릴겁니다.

D 您 这么 大 年纪, 还 抱着 个 孩子, 真 够 辛苦 的。
Nín zhème dà niánjì, hái bàozhe ge háizi, zhēn gòu xīnkǔ de.
연세가 이렇게 많으신데다, 아이까지 안고 계시니, 정말 수고 많으시네요.

A 没 关系, 现在 我 身体 还 很 健康。
Méi guānxi, xiànzài wǒ shēntǐ hái hěn jiànkāng.
괜찮아요, 아직은 건강합니다.

+new 새단어

挤 jǐ 동사. 밀다, 밀치다
抱 bào 동사. 안다
年轻人 niánqīngrén 명사. 젊은 사람
礼貌 lǐmào 명사. 예의
让 ràng 동사. 양보하다
座儿 zuòr 명사. 좌석, 자리

老弱病残席 lǎoruòbìngcánxí 명사. 노약자석
下一站 xià yí zhàn 다음 역
这么 zhème 대사. 이렇게
年纪 niánjì 명사. 연세
够…的 gòu…de 정말 ~하다
辛苦 xīnkǔ 형용사. 고생스럽다

서술하기

❶ 方方正在<u>游泳</u>(yóuyǒng, 수영하다)

❷ 明明正在<u>晒太阳</u>(shài tàiyáng, 썬텐하다)

❸ 辛闵正在<u>吃东西</u>(chī dōngxi, 음식을 먹다)

❹ 英淑和英男正在<u>打沙滩排球</u>(dǎ shātān páiqiú, 비치볼을 치다)

❺ 孩子们正在<u>堆沙子</u>(duī shāzi, 모래를 쌓다)

❻ 爸爸正在<u>洗水果</u>(xǐ shuǐguǒ, 과일을 씻다)

❼ 妈妈正在<u>做饭</u>(zuòfàn, 밥을 짓다)

❽ 我正在<u>修理雨伞</u>(xiūlǐ yǔsǎn, 우산을 수리하다)

➤ 오늘의 한 마디 ◀

마무리 연습 문제

❋ 올바른 문장을 골라 보세요.

❶ A 这两天百货商店正在大减价，我们一起去逛。

B 这两天百货商店正在大减价，我们一起去逛逛吧。

C 这天百货商店大减价，我们一起去吧。

❷ A 我一个人去没意思，陪我去吧。

B 我一个人去没意思，我一起去吧。

C 我一个人去没意思，一起陪我去吧。

❸ A 百货商店到这儿很近，我们走着去，怎么样？

B 百货商店离这儿很近，我们走去，怎么样？

C 百货商店离这儿很近，我们走着去，怎么样？

❹ A 大气太冷，打车可以去。

B 天气太冷了，是打车去吧。

C 天气太冷了，还是打车去吧。

❺ A 半夜三更的，还开电视，开灯，干什么呀？

B 半夜三更的，还打开电视，打开灯，干什么呀？

C 半夜三更的，还开着电视，开着灯，干什么呀？

18 你喝过中国酒吗?

중국 술을 마셔본 적이 있습니까?

● **기본 문법 및 문형**

① 경험태 "过"

1 | **긍정형**

주어 + 동사 + **过** + 목적어

我 + 喝 + 过 + 中国酒。　　중국 술을 마셔본 적이 있습니다.

••• "过"는 동사 뒤에 쓰여 과거의 경험을 나타낸다.

2 | **부정형**

주어 + **没** + 동사 + **过** + 목적어

我 + 没 + 喝 + 过 + 中国酒。　　중국 술을 마셔본 적이 없습니다.

••• 경험태 "过"의 부정은 "没"로 한다.

② "(是)…… 的" 구문

1 | 주어 + **(是)** + 장소(시간,행위의 방식 등) + 동사 + **的** + (목적어)

我 + (是) + 在公司的食堂 + 吃 + 的 + (午饭)。

회사 식당에서 점심 식사를 하였습니다.

••• "(是)…… 的"구문은 어떤 동작이 이미 발생하였다는 전제 하에서, 동작이 이루어진 장소, 시간, 행위의 방식 등을 나타낼 때 사용한다. 예컨대 "점심 식사를 하였습니다"라는 표현은 "我吃午饭了"라고 하면 되고, 어디서, 언제, 누구하고, 몇 시에 먹었다는 표현은 "(是)…… 的" 구문을 사용해야 한다.

기초 세우기

◉ 경험태 "过"의 긍정형

주어 + 동사 + 过 + 목적어

我 + 喝 + 过 + 中国酒。

중국 술을 마셔본 적이 있습니다

◉ 의문형

주어 + 동사 + 过 + 목적어 + 吗/没有?

你 + 喝 + 过 + 中国酒 + 吗?

중국 술을 마셔본 적이 있습니까?

Ⓐ 你 喝 过 中国酒 吗?
Nǐ hē guò Zhōngguójiǔ ma?

중국 술을 마셔본 적이 있습니까?

Ⓑ 当然 喝过。
Dāngrán hēguò.

당연히 마셔본 적 있죠.

Ⓐ 喝 过 60 度 的 白干儿 吗?
Hē guò liùshí dù de báigānr ma?

60도의 배갈을 마셔본 적이 있습니까?

Ⓑ 没 有。什么 感觉?
Méi yǒu. Shénme gǎnjué?

없습니다. 어떤 느낌이죠?

Ⓐ 当 你 喝 下去 的 时候,
Dāng nǐ hē xiàqu de shíhou,

마실 때 목구멍으로부터 심장까지,

从 嗓子 一直 热到 你 的 心脏。
cóng sǎngzi yìzhí rèdào nǐ de xīnzàng.

쭉 뜨거워지는 느낌입니다.

Ⓑ 有 机会 的话, 我 也 想 试试。
Yǒu jīhuì dehuà, wǒ yě xiǎng shìshi.

기회가 있으면, 저도 마셔 보고 싶어요.

+ new | 새단어

过 guò 조사. 동사 뒤에 쓰여 과거의 경험을 나타냄
度 dù 양사. 도
白干儿 báigānr 명사. 배갈
感觉 gǎnjué 명사. 느낌
当…的时候 dāng…de shíhou ～할 때
喝下去 hēxiàqu 마셔서 (배 아래 쪽으로) 내려가다
嗓子 sǎngzi 명사. 목구멍
一直 yìzhí 부사. …에 이르기까지
心脏 xīnzàng 명사. 심장

❖ **중국어의 기초를 다져주는 해설 한마디**

경험태란 동사 뒤에 "过"를 붙여 과거의 어떤 경험을 나타내는 것을 가리킨다. 이러한 경험태의 부정은 "没"로 한다.
예 我去过中国。나는 중국에 가본 적이 있다.

A 你 真的 没 交 过 女朋友 吗?
Nǐ zhēnde méi jiāo guò nǚpéngyou ma?
정말로 여자 친구를 사귀어 본 적이 없니?

B 没 有, 这 是 我 第一次 谈 恋爱。
Méi yǒu, zhè shì wǒ dìyīcì tán liàn'ài.
없어. 이번이 처음 연애하는 거라니까.

A 那 你 可 得 多 请教 请教 我 了,
Nà nǐ kě děi duō qǐngjiào qǐngjiào wǒ le,
그럼 나에게 지도를 많이 받아야겠네,

我 是 恋爱 专家。
wǒ shì liàn'ài zhuānjiā.
내가 연애박사거든.

B 谈 恋爱 时, 应该 注意 些 什么?
Tán liàn'ài shí, yīnggāi zhùyì xiē shénme?
연애할 때, 어떤 것에 주의해야 하니?

A 太 多 了。
Tài duō le.
너무 많아.

B 你 能 不 能 说详细 点儿?
Nǐ néng bu néng shuōxiángxì diǎnr?
좀 자세히 말해 줄 수 없니?

A 可以, 不过 你 得 先 请 我 吃 顿 饭。
Kěyǐ, búguò nǐ děi xiān qǐng wǒ chī dùn fàn.
가능해. 그런데 우선 나한테 밥 한끼 사줘.

B 没 问题。
Méi wèntí.
문제 없어.

+ NEW | 새단어

详细 xiángxì 형용사. 상세하다, 자세하다
说详细点儿 shuō xiángxì diǎnr 상세하게 말씀하세요
专家 zhuānjiā 명사. 전문가
时 shí ~때
注意 zhùyì 동사. 주의하다
些 xiē 양사. 조금, 약간
顿 dùn 양사. (식사의) 끼

交 jiāo 동사. 사귀다
第一次 dì yī cì 처음
谈 tán 동사. 이야기하다
恋爱 liàn'ài 명사. 연애
谈恋爱 tán liàn'ài 연애하다
请教 qǐngjiào 동사. 가르침을 청하다

응용하기

◉ "(是)…… 的" 구문

주어 + (是) + 장소(시간, 행위의 방식 등) + 동사 + 的 + (목적어)

我 + (是) + 在公司的食堂 + 吃 + 的 + (午饭)。

회사식당에서 점심 식사를 하였습니다.

Ⓐ 你 吃 午饭 了 吗?
　　Nǐ chī wǔfàn le ma?

점심 식사를 하셨습니까?

Ⓑ 吃 了。
　　Chī le.

했습니다.

Ⓐ 在 哪儿 吃 的?
　　Zài nǎr chī de?

어디에서 드셨습니까?

Ⓑ 在 公司 的 食堂 吃 的。
　　Zài gōngsī de shítáng chī de.

회사 식당에서 먹었습니다.

Ⓐ 跟 谁 一起 吃 的?
　　Gēn shuí yìqǐ chī de?

누구하고 같이 드셨습니까?

Ⓑ 跟 我们 老板 一起 吃 的。
　　Gēn wǒmen lǎobǎn yìqǐ chī de.

우리 사장님과 같이 먹었습니다.

Ⓐ 几 点 吃 的?
　　Jǐ diǎn chī de?

몇 시에 드셨습니까?

Ⓑ 12 点 半 吃 的。
　　Shí'èr diǎn bàn chī de.

12시 반에 먹었습니다.

 ＋NEW | 새단어

午饭 wǔfàn 명사. 점심 식사
公司 gōngsī 명사. 회사
食堂 shítáng 명사. 식당
跟…一起 gēn…yìqǐ ~와 함께
老板 lǎobǎn 명사. 사장

✣ 중국어의 기초를 다져주는 해설 한마디

"(是)…… 的" 구문은 어떤 동작이 이미 발생하였다는 전제 하에서, 동작이 이루어진 장소, 시간, 행위의 방식 등을 나타낼 때 사용한다. 예컨대 "점심 식사를 하였습니다"라는 표현은 "我吃午饭了"라고 하면 되고, "어디에서, 언제, 누구하고, 몇 시에 먹었다"는 표현은 "(是)…… 的" 구문을 사용해야 한다.

단어 익히기

◉ 주어진 단어로 빈칸을 채워보세요.

❶ 感觉 (gǎnjué 느낌)

_____(감염되다), _____(감정), _____(감동하다),

_____(감격하다)

▶▶▶ A 感情   B 感动
      gǎnqíng   gǎndòng
     C 感激   D 感染
      gǎnji   gǎnrǎn

❷ 心脏 (xīnzàng 심장)

_____(심계, 속셈),   (명치), _____(마음씨)

▶▶▶ A 心地   B 心计
      xīndì   xīnjì
     C 心口
      xīnkǒu

❸ 请教 (qǐngjiào 가르침을 청하다)

_____(안부를 드리다), _____(말씀을 여쭙다),

_____(휴가를 신청하다), _____(손님을 접대하다)

▶▶▶ A 请问   B 请安
      qǐngwèn   qǐng'ān
     C 请客   D 请假
      qǐngkè   qǐngjià

❹ 瞎 (xiā 마구)

_____(함부로 말하다), _____(마구 먹다),

_____(마구 가다)

▶▶▶ A 瞎说   B 瞎走
      xiāshuō   xiāzǒu
     C 瞎吃
      xiāchī

❺ 检查 (jiǎnchá 검사하다)

_____(심사하다), _____(조사하다), _____(재검사하다)

▶▶▶ A 调查   B 审查
      diàochá   shěnchá
     C 复查
      fùchá

❻ 误会 (wùhuì 오해하다)

_____(약속하다), _____(체득하다), _____(깨닫다)

▶▶▶ A 体会   B 领会
      tǐhuì   lǐnghuì
     C 约会
      yuēhuì

你哪儿不舒服？
당신 어디가 불편합니까?

Ⓐ **你 哪儿 不 舒服？**
Nǐ nǎr bù shūfu?

어디가 불편하십니까?

Ⓑ **头疼、发烧、咳嗽、浑身 都 不 舒服。**
Tóuténg、 fāshāo、 késou、 húnshēn dōu bù shūfu.

머리가 아프고, 열이 나고, 기침도 나고, 온 몸이 다 불편합니다.

Ⓐ **吃 过 药 没有？**
Chī guò yào méiyou?

약 드셨습니까?

Ⓑ **吃 过 了。**
Chī guò le.

먹었습니다.

Ⓐ **吃 过 什么 药？**
Chī guò shénme yào?

무슨 약을 드셨습니까?

Ⓑ **退烧药 和 感冒药。**
Tuìshāoyào hé gǎnmàoyào.

해열제와 감기약을 먹었습니다.

Ⓐ **以后 不 要 瞎 吃药, 要 先 上 医院 看看,**
Yǐhòu bú yào xiā chīyào, yào xiān shàng yīyuàn kànkan,

앞으로 약을 마구 드시지 마세요, 우선 병원에 와서 진찰을 받고,

然后 再 吃 药。
ránhòu zài chī yào.

그 다음에 약을 드십시오.

Ⓑ **大夫, 我 得 的 是 什么 病 呀？ 要紧 吗？**
Dàifu, wǒ dé de shì shénme bìng ya? Yàojǐn ma?

의사 선생님, 제가 무슨 병에 걸렸습니까? 심합니까？

Ⓐ **现在 还 不 清楚, 要 先 检查 一下。**
Xiànzài hái bù qīngchu, yào xiān jiǎnchá yíxià.

지금은 잘 모르겠습니다, 우선 검사부터 해봅시다.

+new 새단어

舒服 shūfu 형용사. 편하다	感冒 gǎnmào 동사. 감기에 걸리다
头疼 tóuténg 동사. 머리가 아프다	感冒药 gǎnmàoyào 명사. 감기약
发烧 fāshāo 동사. 열이 나다	上 shàng 동사. 가다
咳嗽 késou 동사. 기침하다	瞎 xiā 부사. 마구, 되는대로
浑身 húnshēn 명사. 온몸	得 dé 동사. (병에) 걸리다
退烧 tuìshāo 동사. 열이 내리다	要紧 yàojǐn 형용사. 심하다
退烧药 tuìshāoyào 명사. 해열제	检查 jiǎnchá 동사. 검사하다

그림을 통해 익히는 중국어

▶▶ **拉肚** 설사하다
lādù

▶▶ **过敏** 알레르기, 예민하다
guòmǐn

▶▶ **擦伤** 찰과상
cāshāng

▶▶ **牙疼** 치통
yá téng

▶▶ **肚子疼** 배가 아프다
dùzi téng

▶▶ **腰疼** 요통
yāo téng

▶▶ **烫** 뜨겁다
tàng

▶▶ **肿** 붓다
zhǒng

▶▶ **痒** 가렵다
yǎng

A 你 说, 咱 到底 买 什么 礼物 好 呢?
Nǐ shuō, zán dàodǐ mǎi shénme lǐwù hǎo ne?
네가 말해봐, 도대체 어떤 선물을 사는 게 좋을 것 같니?

B 当然 是 要 买 实用 的, 比如说 内衣、内裤 什么 的。
Dāngrán shì yào mǎi shíyòng de, bǐrúshuō nèiyī, nèikù shénme de.
당연히 실용적인 것을 사야지, 예를 들면 속옷, 속바지 등등.

A 啊? 这样 的 东西 也 能 送 啊?
Á? Zhèyàng de dōngxi yě néng sòng a?
뭐라고? 이런 것도 선물할 수 있어?

B 虽然 看上去 有点儿 那个, 但是 我 觉得 特 实用。
Suīrán kànshangqù yǒudiǎnr nàge, dànshì wǒ juéde tè shíyòng.
보기엔 좀 그렇지만, 내 생각엔 가장 실용적인 것 같애.

A 我 怕 人家 会 误会 你。　　　　남들이 오해할까봐 걱정이 된다.
Wǒ pà rénjiā huì wùhuì nǐ.

B 那 买 个 挂钟 吧。　　　　그럼 벽시계 하나 사주자.
Nà mǎi ge guàzhōng ba.

A 你 不 知道 吗? 送 礼物 时, 不 能 送 钟。
Nǐ bù zhīdào ma? Sòng lǐwù shí, bù néng sòng zhōng.
너 모르니? 선물할 때, 시계를 선물하면 안 돼.

B 为什么?　　　　왜?
Wèishénme?

A 因为 "送钟" 的 "钟" 跟 "送终" 的 "终" 同音。
Yīnwèi "sòngzhōng" de "zhōng" gēn "sòngzhōng" de "zhōng" tóngyīn.
"시계(종)를 선물하다"의 "종"과 "임종을 지키다"의 "종"이 동음이기 때문에.

B 还 有 这样 的 说法 啊。　　　　그런 말도 있었구나.
Hái yǒu zhèyàng de shuōfǎ a.

+new | 새단어

咱 zán 대사. 우리(청자 포함)
到底 dàodǐ 부사. 도대체
送 sòng 동사. 선물하다
实用 shíyòng 형용사. 실용적이다
比如说 bǐrúshuō 접미사. 예컨대
内衣 nèiyī 명사. 속옷
内裤 nèikù 명사. 속바지
虽然…但是 suīrán…dànshì 접속사. 비록 ~일 지라도
有点儿那个 yǒudiǎnr nàge 좀 그렇다

特 tè 형용사. 아주
怕 pà 동사. 걱정된다, 두려워하다
人家 rénjiā 대사. 남
误会 wùhuì 동사. 오해하다
挂钟 guàzhōng 명사. 벽시계, 시계
送终 sòngzhōng 동사. 임종을 지키다
同音 tóngyīn 명사. 동음
说法 shuōfǎ 명사. 의견, 견해

서술하기

我给你开(kāi, 처방전을 쓰다)了两种药, 消炎药(xiāoyányào, 소염제)一天吃两次, 一次吃两片儿(piànr, 정)。退烧药一天吃三次, 一次吃一片儿。这几天, 你要多休息, 多喝点儿开水, 还要记住(jìzhù, 기억하다)按时(ànshí, 제때에)吃药, 按时睡觉。这是处方(chǔfāng, 처방전), 你先去收银台(shōuyíntái, 출납처)交钱(jiāoqián, 돈을 내다), 然后去药房(yàofáng, 약국)取药。

➔ 오늘의 한 마디 ←

❶

老板, 再 来 一瓶 啤酒。
Lǎobǎn, zài lái yìpíng píjiǔ.
사장님, 맥주 한 병 더 주세요.

你 都 喝醉 了, 别 喝 了。
Nǐ dōu hēzuì le, bié hē le.
취했어요, 그만 마셔요.

❷

急诊室 在 哪儿?
Jízhěnshì zài nǎr?
응급실이 어디에 있습니까?

在 一 楼 的 紧 里边儿。
Zài yī lóu de jǐn lǐbianr.
1층 제일 안쪽에 있습니다.

말하기 연습

1 그림을 보고 말하기 연습을 해보세요.

❶

我是_____来的,　　他是_____来的,　　他是_____来的。

❷

我是从_____来的,　　他是从_____来的,　　他是从_____来的。

2 실제 상황에 맞게 말하기 연습을 해보세요.

❶ 다음 문형을 이용하여, 당신이 가본 곳을 말해 보세요.

我去过……, 去过……, 去过……, 我没去过……, 没去过……, 没去过……

* 보충 단어 : 日本 Rìběn 일본 | 新加坡 Xīnjiāpō 싱가폴 | 台湾 Táiwān 대만 | 泰国 Tàiguó 태국 | 印度 Yìndù 인도 | 越南 Yuènán 월남 | 马来西亚 Mǎláixiyà 말레이시아 | 赛班 Sàibān 사이판 | 巴厘岛 Bālídǎo 발리섬 | 夏威夷 Xiàwēiyí 하와이 | 菲律宾 Fēilǜbīn 필리핀

❷ 감기에 걸렸을 때, 어디가 어떻게 아픈지 구체적으로 말해 보세요.

* 보충 단어 : 浑身没劲儿 húnshēn méijìnr 온몸에 힘이 없다 | 嗓子疼 sǎngzi téng 목구멍이 아프다 | 流鼻涕 liú bítì 콧물을 흘리다 | 打喷嚏 dǎ pēntì 재채기를 하다

마무리 연습 문제

✳ 올바른 문장을 골라 보세요.

❶
 A 当你喝下去的时候，从嗓子一直热到你的心脏。

 B 当你喝下去的时，从嗓子一直热到你的心脏。

 C 当你喝下去的时候，从嗓子一直热你的心脏到。

❷
 A 那你多请教可请教我。

 B 那你可得多请教请教我了。

 C 那你可多请教我了。

❸
 A 可以，不过你得先请吃顿饭。

 B 可以，不过你得先请我吃顿饭。

 C 可以，不过先你请我吃饭顿。

❹
 A 以后不要瞎吃药，先你要上医院看看，然后再吃药。

 B 以后不要瞎吃药，你要医院看看，然后吃药。

 C 以后不要瞎吃药，你要先上医院看看，然后再吃药。

시대와
유행어

① 마오쩌뚱 시대 : 下乡 xiàxiāng 농촌에 가다

    1960년대부터 중국의 대입제도는 거의 유명무실화 되었습니다. 그 이유는 모택동이 도시에 살고 있던 고등학생들이 대학교에 진학하는 대신에 농촌으로 내려가 농민들에게 농사짓는 일 등과 같은 육체적인 노동을 체험하도록 하였기 때문입니다.

② 덩샤오핑 시대 : 下海 xiàhǎi 장사에 뛰어들다

    1980년대부터 등소평이 개혁·개방 정책을 실시하면서 중국의 경제가 초고속으로 발전하게 되자 공직자들이 돈을 벌기 위해 휴직이나 퇴직을 하고 장사에 뛰어들게 되었습니다.

③ 장쩌민 시대 : 下岗 xiàgǎng 국영기업 직원들의 일시적 실업

    중국의 경제 구조는 국영기업이 지주가 되어 왔습니다만, 1990년도 국영기업의 경영이 어려워지면서 많은 국영기업이 파산하거나 일시적으로 문을 닫게 되면서, 원래부터 국영기업에서 종사하던 직원들은 하루아침에 철밥통을 잃고 실업을 하게 되었습니다.

마오쩌뚱

덩샤오핑

장쩌민

중국어
왕왕초보
첫걸음!
-부록-

❖ 중국어의 기초를 다져주는 해설 한마디

① 중국어의 기본 어순은 "주어+술어+목적어"이다. 따라서 "是" 동사의 긍정형은 "주어+是+목적어"가 된다.

② 주어나 목적어에 대해 의문을 할 경우의 어순은 평서문의 어순과 같다. 따라서 "이것은 볼펜입니다"의 평서문은 "这是圆珠"라고 하면 되고, "이것은 무엇입니까?"라고 할 때는 "这是什么?"라고 하면 된다.

단어 익히기
모범 답안

3과

① B, C, A, D ② C, A, D, B ③ B, A, C
④ B, A, C ⑤ E, F, B, A, C, D

4과

① C, A, B, E, D, F ② B, A, C ③ A, C, B
④ C, A, B ⑤ B, A, C

5과

① B, C, A ② A, B, C
③ B, F, D, E, C, A ④ B, A, C
⑤ A, B, F, C, E, D ⑥ B, C, A

6과

① B, C, A ② C, B, A ③ C, A, B
④ B, A, C ⑤ B, C, A, D
⑥ B, E, C, A, G, H, D, F

7과

① B, C, A, D, E, F ② B, A, E, D, C
③ D, A, C, B ④ B, C, A
⑤ A, F, B, C, D, E ⑥ D, B, C, A, F, E

8과

① A, C, B ② B, C, A ③ B, C, A
④ C, B, A
⑤ D, F, K, I, A, B, G, H, E, L, C, J
⑥ B, C, A

9과

① B, C, A ② B, C, A ③ B, A, C
④ B, C, D, E, F, A ⑤ C, D, E, A, B
⑥ B, A, E, C, D

10과

① B, C, A ② B, C, E, A, D
③ B, D, A, C ④ B, C, A
⑤ B, F, D, A, E, C ⑥ B, E, D, F, C, A
⑦ B, C, A

11과

❶ B, A, D, C ❷ B, C, A ❸ B, A, C
❹ B, A, C ❺ B, A, C ❻ C, A, B

12과

❶ B, A, D, C ❷ A, C, B ❸ C, B, A
❹ B, C, E, D, A

13과

❶ B, A, C ❷ D, C, A, B ❸ C, B, A
❹ B, C, D, A ❺ B, C, A ❻ D, B, A, C

14과

❶ B, E, D, C, A ❷ B, C, A ❸ B, A, C
❹ B, D, A, C ❺ C, B, D, A ❻ B, C, A

15과

❶ B, C, A, E, D ❷ A, D, C, B, E, F
❸ A, B ❹ B, F, C A, E, D

16과

❶ B, C, A ❷ B, D, E, A, C, F
❸ C, B, A ❹ B, C, A
❺ F, D, E, A, B, C

17과

❶ C, D, A, B ❷ A, C, B, D ❸ B, A, C
❹ B, A, C ❺ B, A, C ❻ A, C, B

18과

❶ D, A, B, C ❷ B, C, A ❸ B, A, D, C
❹ A, C, B ❺ B, A, C ❻ C, A, B

마무리 연습 문제
모범 답안

4과

❶ C   ❷ A   ❸ B   ❹ C   ❺ C

10과

❶ C   ❷ C   ❸ A   ❹ A   ❺ C   ❻ C

5과

❶ A   ❷ A   ❸ B   ❹ A   ❺ B   ❻ A

❼ C   ❽ A   ❾ C   ❿ A

11과

❶ A   ❷ C   ❸ B   ❹ C   ❺ C

6과

❶ C   ❷ C   ❸ C   ❹ A   ❺ B   ❻ B

❼ A   ❽ C   ❾ C   ❿ C

12과

❶ A   ❷ B   ❸ C   ❹ A   ❺ A

13과

❶ B   ❷ B   ❸ B   ❹ A   ❺ C   ❻ A

❼ A   ❽ B   ❾ A

7과

❶ A   ❷ C   ❸ B   ❹ A   ❺ B   ❻ A

8과

❶ C   ❷ C   ❸ A   ❹ C   ❺ A   ❻ B

❼ A   ❽ A   ❾ A   ❿ B

14과

❶ C   ❷ A   ❸ C   ❹ B   ❺ C

memo

memo

memo